Jornada da Transição para Agilidade

Organização e curadoria
Antonio Muniz
André Bracciali
Cyntia Morais
Isabela Gayno
Kharem Mauricio
Márcia Maximiano da Silva
Márcio Silva de Moura
Poliana Peixoto

Jornada da Transição para Agilidade

Somando conceitos e experiências brasileiras para colaborar com Scrum Masters protagonistas

BRASPORT

Rio de Janeiro
2023

Editor: Sergio Martins de Oliveira
Gerente de Produção Editorial: Marina dos Anjos Martins de Oliveira
Editoração Eletrônica: Abreu's System
Capa: Trama Criações

J82 Jornada da transição para agilidade : somando conceitos e experiências brasileiras para colaborar com Scrum Masters protagonistas / organização e curadoria Antonio Muniz ... [et al.]. – Rio de Janeiro: Brasport, 2023.
232 p. ; il ; 17 x 24 cm.

Inclui bibliografia.
ISBN 978-85-7452-961-5

1. Liderança. 2. Produtividade. 3. Eficiência no trabalho. 4. Gestão de equipes. 5. Planejamento. 6. Projetos. I. Muniz, Antonio. II. Bracciali, André. III. Morais, Cyntia. IV. Gayno, Isabela. V. Título.

CDU 65.011.4

Catalogação na fonte: Bruna Heller (CRB10/2348)

Índice para catálogo sistemático:
1. Produtividade / Eficiência / Sucesso / Etc. 65.011.4

BRASPORT Livros e Multimídia Ltda.
Rua Washington Luís, 9, sobreloja – Centro
20230-900 Rio de Janeiro-RJ
Tel./Fax: (21)2568.1415
e-mails: marketing@brasport.com.br
vendas@brasport.com.br
editorial@brasport.com.br
www.brasport.com.br

Sobre a Jornada Colaborativa

Juntos somos mais inteligentes e transformamos mais vidas!

Era uma vez um professor universitário que sonhava lançar um livro quando finalizou o mestrado em 2007.

Depois de algumas ideias para publicação em temas como certificação Microsoft, gestão de projetos e gestão de serviços, o sonho começou a ser concretizado em 2017 com o livro "Jornada DevOps", mas alguns obstáculos travaram sua evolução após a definição da estrutura final para a certificação oficial EXIN e a escrita de três capítulos.

Em setembro de 2018, durante uma palestra na PUC Minas, surgiu um *click*: "será que outras pessoas apaixonadas por *DevOps* ajudariam com a escrita colaborativa?". Dezenas de pessoas aceitaram o convite e o livro foi lançado para 350 pessoas no dia 06 de junho de 2019 no Centro de Convenções SulAmérica no Rio de Janeiro, após um intenso trabalho coordenado com pessoas de várias cidades que nunca haviam trabalhado juntas antes.

Após essa experiência bem-sucedida com muitos aprendizados, a escalada dos times gerou grandes amizades, novas iniciativas e doação de R$ 482.500,00 para instituições com o lançamento de 26 livros.

Sonhamos transformar mais vidas com a inteligência coletiva e o apoio de empresas amigas...

Prefácio

Prezado leitor, este livro lhe trará novas perspectivas, *insights* e conhecimentos para se sobressair no cenário atual, um mundo cada vez mais dinâmico e incerto, onde as habilidades ágeis são cruciais para o sucesso profissional. A transição de carreira para a agilidade é, portanto, uma jornada cada vez mais relevante para muitos profissionais.

Este livro foi escrito por especialistas que desejam genuinamente ajudar aqueles que buscam empreender essa jornada, oferecendo estratégias, ideias e ferramentas valiosas para ajudá-lo a alcançar sucesso e realização pessoal. Relevante não somente para as pessoas que estão mudando para a carreira de agilidade, mas também para organizações, mentores e líderes que são parte fundamental desse processo.

A transição de carreira por si só é uma jornada desafiadora que pode ser cheia de dúvidas, incluindo a falta de clareza quanto aos objetivos, a incerteza sobre o futuro e as dificuldades financeiras. No entanto, é também uma oportunidade única para alcançar novos níveis de sucesso e realização pessoal.

Ao longo das páginas deste livro, você aprenderá a aplicar as técnicas e práticas de agilidade para alcançar resultados excepcionais, sejam eles pessoais ou profissionais. Além disso, você descobrirá como entender o propósito da transição de carreira para a agilidade, definir um plano para explorar novas oportunidades e testar essas hipóteses – afinal, se o objetivo é a agilidade, o caminho também deve ser ágil.

Compartilhando um pouco da minha história, iniciei minha carreira na área de tecnologia na IBM. Menos de dois meses após ser efetivado, o projeto onde atuava cortou vagas e fiquei desalocado. Isso significava que deveria buscar outro projeto o quanto antes, ou então meu emprego ficaria em risco.

Em cerca de uma semana surgiu uma oportunidade: uma vaga de analista de negócios no cliente AT&T, uma das maiores empresas de telecomunicações do mundo.

A vaga oferecia a chance de desenvolver meu inglês, trabalhar mais próximo das áreas de negócios e aprender sobre métodos ágeis. Era perfeito – o único porém é que o projeto era 100% presencial no escritório em Hortolândia, cidade do interior próxima a Campinas, e eu morava em São Paulo, não tinha carro e ganhava pouco mais de 1.000 reais por mês.

Realizei então um experimento de um mês, saindo de casa às 5h da manhã para pegar três conduções até o fretado da IBM na Rua Tutóia, próximo ao Ibirapuera, de lá até Hortolândia, e no fim da tarde fazendo o caminho inverso para chegar em casa cerca de 21h. Em resumo, eu passava 8h por dia me deslocando para ir e voltar do trabalho.

O tempo era um investimento a ser considerado para atingir os meus objetivos. E eu soube que aquele era o caminho correto quando desci do fretado no último dia daquele período de experimentação e senti o cheiro da grama molhada pela garoa fina de uma manhã no fim do inverno. Tomei meu café expresso sem açúcar, hábito que adquiri lá, naquele mês, a fim de melhorar minha saúde, cortando inicialmente açúcar e sal. Sentia ali um ambiente que me inspirava bem-estar, evolução pessoal e profissional.

Decidi persistir nessa empreitada e iniciei uma saga que durou 18 meses, tempo suficiente para meu corpo dar sinais claros de que já não aguentava mais aquela rotina. Somado a uma tentadora oferta de outra consultoria para trabalhar em São Paulo, decidi que era hora de sair da IBM.

Para a minha surpresa, a IBM mais do que cobriu a oferta e dobrou meu salário, permitindo que eu me mudasse para Hortolândia e arcasse com todos os custos de viver em outra cidade. Aprendi nessa época a importância de ouvir o meu instinto, entender o meu propósito, ter clareza de objetivos, experimentar antes de tudo e ter a coragem necessária para dar um salto de fé que se tornou um grande ponto de inflexão na minha vida.

Espero também que este livro ajude você a desenvolver a resiliência e a determinação necessárias para continuar avançando mesmo diante dos obstáculos. Não tenha medo de mudar de direção e seguir seus sonhos. A mudança é a única constante na vida e nunca é tarde demais para se reinventar e alcançar sua felicidade e realização pessoal. Acredite em si mesmo, em seus valores e em suas paixões e tenha coragem de tomar as decisões certas para a sua vida. Lembre-se, o fracasso é apenas uma oportunidade para aprender e crescer, então seja resiliente e siga em frente com determinação e agilidade.

Luan Oliveira
Kanbanize

Apresentação da Jornada da Transição para Agilidade

A história deste livro começou no dia 03 de novembro de 2021, durante a mentoria com o André Bracciali no programa LiderProExpert.

Com o objetivo de acelerar os resultados de cada participante, gosto de conhecer a trajetória do mentorado – e me chamou a atenção a forma como o André teve sucesso em sua transição para *Scrum Master*. Nessa hora, surgiu um *click* em minha mente: "e se tivesse um livro com um passo a passo para as pessoas migrarem para a agilidade?" O André aceitou de imediato o convite para iniciar essa nova jornada...

Após os aprendizados nos primeiros livros, estamos escolhendo os participantes do time organizador com critérios mais objetivos, pois o sucesso da escrita colaborativa depende de pessoas super engajadas e com forte inteligência emocional para se relacionar com os coautores e evitar conflitos desnecessários. A grande confiança que tenho na liderança da Poliana Peixoto me deixou supertranquilo para iniciar este novo livro da Jornada Colaborativa.

A escolha para o time de coautores com experiências diversificadas foi uma grande surpresa positiva e tivemos uma rápida adesão de pessoas amigas da Jornada Colaborativa, LiderProExpert e outras feras do mercado.

Parabéns aos times de autores e curadores pela concretização deste novo sonho colaborativo!

Antonio Muniz
Fundador da Jornada Colaborativa e CEO Advisor10X

Organização do livro

O livro foi organizado de maneira que o leitor possa perceber a jornada para realizar uma transição para *Scrum Master*.

PARTE I. JUSTIFICATIVA PARA SER UM *SCRUM MASTER*

A Parte I deste livro apresenta os motivos que levam uma pessoa a fazer a transição para a agilidade. Passa por uma introdução geral do conteúdo exposto no livro, de forma resumida, para ambientar e contextualizar os assuntos nele contidos.

- ✓ **Capítulo 1 – Transição para agilidade.** Detalha os motivos da escolha por esse caminho e as razões que levam a essa escolha. Uma vez com essas "cartas na mesa", organizar tudo isso e refinar, para entender se essa escolha está no caminho certo ou não!
- ✓ **Capítulo 2 – *Scrum Master, Agile Master, Squad Leader, Agile Coach*. Quais as diferenças?.** Ajuda a compreender a diferença desses papéis e como nos definirmos como um deles.
- ✓ **Capítulo 3 – O mercado ágil no Brasil.** A finalidade deste capítulo é expor como se encontra o mercado ágil no Brasil e entender a decisão de se tornar um profissional da área. Aborda também como se tornar esse profissional e quais os caminhos seguir quando, de fato, chegar a esse nível.
- ✓ **Capítulo 4 – O verdadeiro papel do *Scrum Master*.** O propósito do capítulo será destacar a importância da sua liderança, facilitação e atuação como guia das pessoas ao seu redor.
- ✓ **Capítulo 5 – O que o *Scrum Master* não faz.** O intuito do capítulo será desmistificar as competências necessárias de um *Scrum Master* esperadas pelas empresas.
- ✓ **Capítulo 6 – Não sou de TI, mas me identifico com o papel de *Scrum Master*.** Abordar as características do *Scrum Master* que podem satisfazer quem planeja a transição. Exemplos de profissões que possam trazer reflexões e analogias, mostrando atributos positivos que permitam "se aventurar" na carreira de *Scrum Master*.

PARTE II. PLANEJANDO A TRANSIÇÃO

Toda mudança requer planejamento. A Parte II é fundamental para organizar o processo de mudança para uma nova carreira.

- ✓ **Capítulo 7 – Condição essencial para a transição de carreira.** Aqui vamos trabalhar suas crenças, lidar com seus medos e sabotadores e desenvolver sua segurança e autoconfiança – elementos essenciais para sua transição de carreira para *Scrum Master.*
- ✓ **Capítulo 8 – Autoconhecimento.** Quais são suas habilidades, valores de vida, preferências e um dos aspectos mais importantes: seu propósito!
- ✓ **Capítulo 9 – Decisão + Ação.** Como criar um planejamento efetivo e eficaz com os detalhes de todas as etapas a serem cumpridas para você tornar a carreira uma realidade.

PARTE III. INICIANDO A TRANSIÇÃO

A Parte III trata das principais temáticas que precisam ser consideradas antes de assumir uma posição de *Scrum Master.* Serão abordados diversos tópicos com o objetivo de guiar o início dessa jornada.

- ✓ **Capítulo 10 – Como dar o pontapé inicial.** Como começar? Em quais certificações investir? O que o mercado espera de quem está começando?
- ✓ **Capítulo 11 – Como praticar no meu dia a dia.** Como aplicar gestão ágil no seu dia a dia.
- ✓ **Capítulo 12 – Certificação ou experiência: uma é mais relevante do que a outra?** Existem situações em que a pessoa vem se aprofundando nos papéis, rituais, métricas e na cultura ágil, porém não consegue uma oportunidade, pois ainda não possui experiência comprovada ou vivência em agilidade. Nesse cenário, e em outros cenários possíveis, qual é a diferença de peso dado pelas empresas entre ter a certificação e ter experiência? E como a pessoa deve definir em qual dar um foco maior?
- ✓ **Capítulo 13 – O papel das comunidades.** Qual a importância de participar de comunidades durante e após a transição de carreira? Como as comunidades podem ajudá-lo no processo de transição de carreira? Este capítulo responde a essas perguntas.
- ✓ **Capítulo 14 – Diversidade na construção do papel do *Scrum Master.*** O objetivo do capítulo é apresentar a diversidade e sua importância para a construção do *Scrum Master.*
- ✓ **Capítulo 15 – O método *Kanban* como diferencial nos passos do *Scrum Master.*** Este capítulo demonstra a importância do *Kanban* no processo de transição.

- ✓ **Capítulo 16 – Já pensou em focar mais em indivíduos e interações do que em processos e ferramentas?** O objetivo do capítulo é abordar as *soft skills* que um *Scrum Master* precisa ter para desempenhar seu papel da melhor forma.

PARTE IV. CONQUISTANDO UMA VAGA

A Parte IV é composta por técnicas, dicas e melhores práticas para conquistar a vaga tão sonhada.

- ✓ **Capítulo 17 – O que as empresas buscam ao contratar *Scrum Masters*?** Neste capítulo detalharemos os interesses das empresas ao contratar *Scrum Masters* e quais as maiores dores e dificuldades vividas nessas contratações.
- ✓ **Capítulo 18 – Conquistando uma vaga através das comunidades ágeis e das mídias sociais.** O objetivo do capítulo é apresentar como podemos nos beneficiar das comunidades ágeis e das mídias sociais para conseguir uma oportunidade de trabalho como *Scrum Master* sem ter experiência, apenas através do *networking* e da presença em eventos.
- ✓ **Capítulo 19 – A importância da reputação.** A reputação como estratégia para conquistar uma vaga.
- ✓ **Capítulo 20 – LinkedIn.** Dicas rápidas para se posicionar na rede e ser encontrado pelos recrutadores na maior plataforma de *networking* profissional do mundo.
- ✓ **Capítulo 21 – A importância de estar preparado para a entrevista de emprego.** Neste capítulo compartilharemos a importância de estar preparado para a entrevista de emprego. A preparação para a entrevista ajuda o profissional a ter mais controle emocional sobre a sua comunicação e a minimizar a insegurança e os riscos que podem já descartar você já no início do processo seletivo.

PARTE V. COMECEI COMO *SCRUM MASTER*, E AGORA?

A Parte V nos leva a refletir sobre como permanecer na nova área. Dicas para os primeiros dias e uma breve visão futurista dos próximos passos da carreira de um *Scrum Master.*

- ✓ **Capítulo 22 – Como receber e apoiar um *Scrum Master* em transição de carreira dentro das empresas?** O objetivo do capítulo é mostrar as estratégias adotadas pelas empresas para apoiar os *Scrum Masters* na jornada de desenvolvimento profissional.
- ✓ **Capítulo 23 – Os primeiros passos como *Scrum Master* – Melhores práticas e erros a serem evitados.** O capítulo tem como objetivo orientar sobre os primeiros passos ao ingressar em um time ágil, o que fazer e principalmente o que não fazer.

- ✓ **Capítulo 24 – Verdades inconvenientes: quando a cultura organizacional tenta derrubar o *Scrum Master*.** Neste capítulo discutiremos o papel do *Scrum Master* como agente de transformação da cultura organizacional de uma perspectiva mais hierarquizada, tradicional e preditiva para um modelo participativo, adaptativo e ágil. Mostraremos não só a importância do *Scrum Master* nesse processo, como discutiremos os desafios a serem enfrentados e as técnicas e ferramentas que podem ser utilizadas para minimizar os conflitos e alicerçar uma mudança segura, eficiente e eficaz para o *mindset* ágil.
- ✓ **Capítulo 25 – Ampliando a caixa de ferramentas do *Scrum Master* – Práticas complementares.** Neste capítulo discutiremos quais práticas adicionais são essenciais para deixar os conhecimentos do *Scrum Master* robustos para ele poder se virar bem no dia a dia.
- ✓ **Capítulo 26 – Em um grande emaranhado de reuniões, onde está o *Scrum Master*?** O objetivo deste capítulo é explicar onde o *Scrum Master* contribui em cada um dos eventos do *Scrum* e dar dicas de como criar e conduzir retrospectivas, tentando fugir do padrão *by the book*.
- ✓ **Capítulo 27 – O futuro do *Scrum Master* e da agilidade.** Quais são as principais tendências a que um *Scrum Master* (ou aspirante) deve estar atento? O que os *Scrum Masters* e empresas enxergam hoje como sendo o próximo grande passo no mundo da agilidade?

PARTE VI – *CASES* E *PODCASTS*

Esta parte é a consolidação de vários *cases* de pessoas que fizeram a transição.

- ✓ **Capítulo 28 – A importância do *feedback* – Satisfação *versus* resultados:** *case* de geração de resultados.
- ✓ **Capítulo 29 – *Case* de profissionais que fizeram a transição de carreira para *Scrum Master*:** este capítulo consolida resultados e percepções de várias pessoas que fizeram a transição.
- ✓ **Capítulo 30 – *Podcasts*:** este capítulo traz a lista de *podcasts* da JornadaCast sobre transição de carreira.

Sumário

PARTE I.
JUSTIFICATIVA PARA SER UM *SCRUM MASTER*

PARTE II.
PLANEJANDO A TRANSIÇÃO

PARTE III.
INICIANDO A TRANSIÇÃO

PARTE VI.
CASES E *PODCASTS*

PARTE I. JUSTIFICATIVA PARA SER UM *SCRUM MASTER*

1. Transição para agilidade

Fabiana Leite
Sergio Stern
Rodrigo Santos de Oliveira

O que você entende por transição? Podemos explicar essa palavra pensando na mudança em busca do desconhecido, do novo, seja no ambiente pessoal ou profissional. E quando falamos nisso, muitos mitos que rondam nossos pensamentos precisam ser superados: idade, conhecimentos, medos, dúvidas, dentre outros.

Você, leitor, que pensa ou sonha com uma mudança de carreira, possivelmente está buscando uma evolução, algo novo, desafiador, pois a situação ou condição atual já não o agrada ou não o "empolga" mais. Mudança esta que, com toda certeza, impacta também em todas as áreas de sua vida, levando em consideração o lado profissional e pessoal.

Se você está vivendo um momento de transição, saiba que a mudança de carreira é um fenômeno cada vez mais presente na vida dos trabalhadores brasileiros, segundo mostrou a pesquisa Re-Trabalho 2020 – "A era da fluidez" (TERA, 2020): 63% dos entrevistados já mudaram de carreira e 48% pretendem fazer essa troca dentro dos próximos 12 meses. Isso porque a maioria dos profissionais quer uma carreira mais alinhada a seus próprios interesses e propósitos de vida, e é por isso que as carreiras não são mais linearmente previsíveis. Mudar em busca de novos desafios passa a ser o novo normal, aspecto este potencializado após a pandemia do COVID-19, onde aumentou o desejo de combinar a flexibilidade de horários com a segurança de ser CLT.

Nessa "era da fluidez", somando ao desejo genuíno do profissional de mudar, têm ocorrido também mudanças em empresas – algumas vêm fazendo sua transição de um contexto tradicional para mais ágil (adaptativo, flexível), o que tem gerado grande demanda por profissionais que atuam nesse "novo contexto mais ágil". Esse movimento nas empresas tem provocado um olhar de curiosidade de muitos que atuam com gerenciamento de projetos e de profissionais especialistas das áreas técnicas em tecnologia da informação (TI), que vêm repensando as suas atuações. A consequência em geral é um processo de dúvidas também. Isso porque as novas práticas, métodos e *frameworks* de agilidade trouxeram consigo novos papéis a serem desempenhados.

Nesse contexto, de profissionais que buscam respostas sobre transição de carreira para a agilidade e principalmente para os papéis, seja o *Scrum Master* ou *Agile Coach*, é que trouxemos este capítulo para sanar a maioria das dúvidas na transição de carreira. Nesse momento de transição, as principais perguntas são: o que fazer? Para onde eu vou? Quem pode me orientar?

E o que pode ser feito nesse momento? Aqui neste capítulo você já terá informações que o ajudarão. Não se trata de "receita", longe disso, mas de orientação para o começo nessa jornada de transição de carreira.

Aqui é aberto um parêntese para enfatizar que – em se tratando de questões profissionais – devemos, antes de buscar ajuda externa, fazer uma autoavaliação. Isso nos trará uma direção, uma simples ideia de que caminho "tentar". Sim, tentar, pois precisamos lembrar que no mundo em que vivemos hoje é de extrema importância saber que podemos errar rápido para corrigir mais rápido ainda.

Será que sua necessidade de transição profissional não aflorou nesse momento por um erro, engano ou má avaliação do passado? Bem, aí a resposta é com você, leitor, e é fundamental não pensar em transição de carreira por modismo ou como forma de tentar fugir dos problemas atuais, pois estes estarão presentes em qualquer área ou empresa.

Por isso a importância de uma autoavaliação: pense nos cenários que você possui nessa transição, considere os prós e contras de cada um e entenda o que o move e o que se conecta melhor com seu propósito de vida. Afinal, uma mudança é apenas o começo de uma jornada de evolução contínua. Estar disposto a aprender é o sucesso de qualquer profissional.

Até aqui o objetivo foi clarificar o que é o processo de transição e que, independentemente do motivo que leva a essa transição, ela é mais comum hoje do que no passado.

Voltando ao tema principal do capítulo, por que ser um *Scrum Master*? Você deve escolher essa nova "função" quando há forte intenção de ser um agente de transformação de pessoas e de empresas, provocando mudanças significativas e impactando positivamente no novo *status quo* nas organizações. Se você se conecta com esse propósito e tem forte desejo de liderar mudanças em um ambiente de alta incerteza, esta é, sem dúvida, uma excelente opção de carreira. E atenção! No Capítulo 2 deste livro você encontrará informações sobre as várias necessidades de conhecimento e aprendizado envolvendo esses papéis, bem como o que é necessário de *soft* e *hard skills* para cada um. Por ora, basta se conectar, primordialmente, com os valores e princípios do *framework Scrum*.

Isso porque um *Scrum Master* deve dominar inicialmente o *framework Scrum* (além de outras metodologias como o *Kanban,* que será apresentado no Capítulo 16), conduzir as suas ações de acordo com pilares desse *framework* (transparência, inspeção e adaptação) e ser muito conectado com seus valores (comprometimento, coragem, foco, abertura e respeito).

E por que trouxemos essa observação? Para que você reflita se são esses alguns dos SEUS valores também. Não será isso que você busca neste momento: um encontro dos seus valores com aquilo que você procura profissionalmente? Muitas vezes acabamos sentindo a necessidade dessa mudança justamente pela falta desse "encontro" no lado de nossa vida profissional.

Ter a clareza do que o move é uma das chaves para o sucesso de uma transição de carreira. A outra chave é conhecer se existe demanda para esse profissional. Ser um agente de transformação requer novas competências e habilidades – afinal, quem já nasceu conhecendo e aplicando diferentes *frameworks* de agilidade? Ninguém, não é mesmo? Por isso, será preciso desenvolvê-las e investir tempo, esforço e capital financeiro nisso. Nem todas as empresas patrocinam esse movimento, e ser protagonista do seu autodesenvolvimento pode ser um diferencial, além de ser cada vez mais valorizado pelas organizações atualmente.

Mas, afinal, vale o investimento? As empresas estão contratando *Scrum Masters*? Vale investir para exercitar esse papel ou cargo?

A resposta é sim! O relatório do *World Economic Forum,* publicado em 22 de janeiro de 2020, "Jobs of Tomorrow: Mapping Opportunity in the New Economy" (WORLD ECONOMIC FORUM, 2020) já demonstrava que *Scrum Master* seria uma das profissões que cresceria em grande escala entre 2014-2019, pois lida com o desenvolvimento de fatores humanos, competências que são fundamentais para o crescimento das organizações. Essa é uma das principais profissões emergentes que "refletem a importância contínua da interação humana na nova economia", de acordo com o relatório.

E por que optar por começar como *Scrum Master*? Primeiramente porque o *framework Scrum* talvez seja o mais democrático dentro da agilidade, característica que pode ser facilmente evidenciada através do gráfico a seguir sobre metodologias/*frameworks* utilizados:

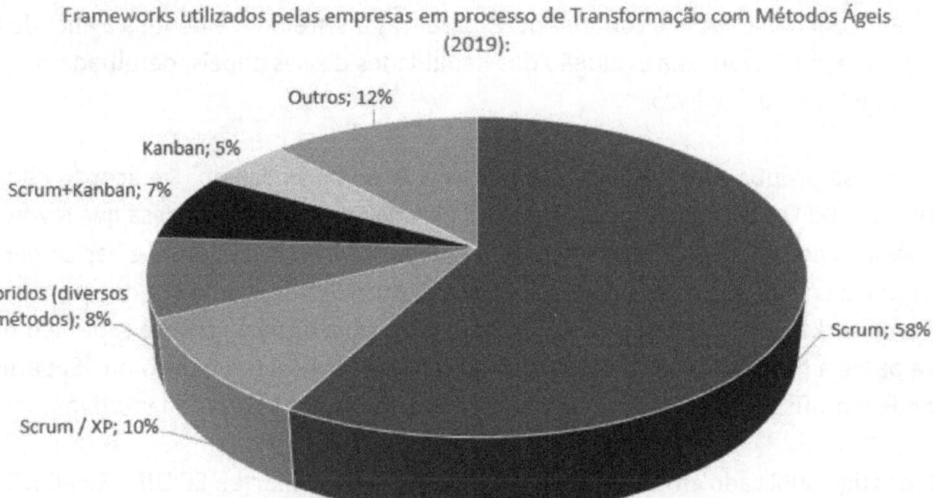

Figura 1.1. *Frameworks* mais utilizados.
Fonte: Dicson (2019).

A Figura 1.1 mostra que 58% das empresas que trabalham com metodologias ágeis utilizam *Scrum*, e esse número chega em torno dos 75%, considerando variações como o *Scrum*/XP e *Scrum+Kanban*. Isso nos mostra que, optando pelo *framework Scrum*, há mais possibilidades para o caminho de transição/evolução de carreira.

Agile Coach e/ou outras nomenclaturas são evoluções, o que significa que seria transição de carreira dentro do próprio papel de facilitador e de agente de transformação ágil. Diante do exposto, a transição de carreira que faz mais sentido é a jornada realizada pela maioria dos profissionais que iniciam nessa função. É importante começar como *Scrum Master* e, depois de dominar e disseminar o *framework Scrum*, habilitar-se em outros *frameworks* e se desenvolver em outros *soft skills*, o que o levaria a uma evolução em termos de atuações e responsabilidades. Com esses conhecimentos ampliados, você conseguirá disseminar a agilidade para além do time, envolvendo, por exemplo, a liderança média. Poderá também partir para a transformação em muitos times, escalando a agilidade na organização, ou seja, efetuando uma nova transição de carreira, desta vez para um *Agile Coach*.

A diferença tênue entre esses papéis não é muito bem delimitada pelo mercado de trabalho, por serem cargos e funções ainda recentes. Por isso um *Agile Coach* iniciante pode ser percebido, para algumas empresas, como um *Scrum Master* mais sênior, e um *Agile Coach* mais sênior pode ser chamado no mercado de trabalho como *Enterprise Agile Coach*, dando a clareza que se busca um profissional mais sênior com habilidades e competências para tratar sistematicamente a agilidade na organização. Veremos a evolução das habilidades desses papéis, detalhadamente, no Capítulo 2 deste livro.

O que se propõe é seguir o método *Shu Ha Ri* de aprendizado. De acordo com o ITforum (REDAÇÃO, 2019), essa é uma técnica da arte marcial japonesa que favorece o avanço do aprendizado em busca da perfeição. *Shu* ou "Obedecer" é basicamente seguir técnicas validadas (como o já apresentado *Scrum*, que é um dos principais *frameworks* usados). Depois segue-se para o *Ha* ou "Desviar", onde é esperado que se passe a desafiar as técnicas iniciais adotadas. Por fim, temos o *Ri* ou "Separar", onde o profissional cria suas próprias regras e novos *frameworks* adaptativos.

No artigo publicado em 02 de fevereiro de 2022 pelo RHPortal (EQUIPE RHPORTAL, 2022), é informado que os profissionais hoje em transição vêm de diferentes formações, o que vem acontecendo para vários novos papéis dentro de tecnologia, como será abordado *a posteriori*. O fato é que, somado à transformação ágil nas empresas, há também o contexto da transformação digital (que é um processo no qual as empresas utilizam a tecnologia como principal base da sua maneira de atuar). Até por isso, muitos *Scrum Masters* surgem do mundo de tecnologia, porém há mercado e abertura para profissionais de diversas áreas. Esse mesmo artigo menciona que outras formas de ensino vêm sendo adotadas para que, de forma mais rápida e focada, sejam desenvolvidas as tais competências necessárias – por exemplo, *bootcamps* (que é um treinamento intensivo com o objetivo de fazer com que os participantes absorvam o conhecimento teórico com a prática) e uso de comunidades agilistas ou *blogs*.

Existem também inúmeros cursos e diferentes tipos de certificação – o que muitas vezes é exigido pelo mercado e será abordado mais à frente neste livro – sempre baseados no *Scrum Guide* (SCHWABER; SUTHERLAND, 2020).

Diferentes análises e interpretações são aceitas, desde que sempre respeitem os preceitos indicados neste manual. A facilidade de absorção dessa orientação permite que o método seja acessível a todos, seja profissional de TI, engenharia, agronomia, medicina, nutricionismo, direito, administração, educação física etc.

Observe a figura a seguir:

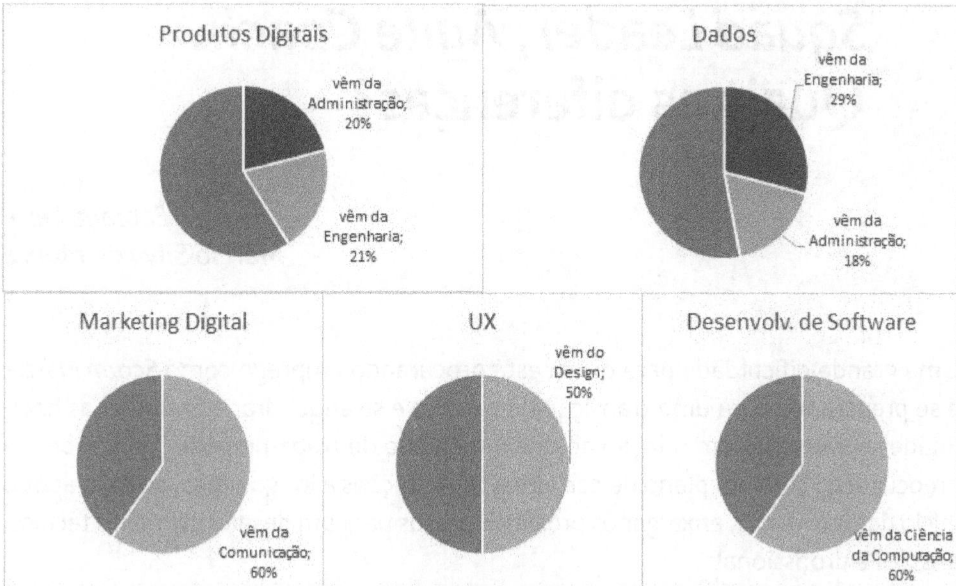

Figura 1.2. Novos profissionais migrando para tecnologia.
Fonte: adaptado de Equipe RHPortal (2022).

A Figura 1.2 é a representação gráfica a respeito de transição de carreira. Devemos entender que, embora haja um número alto de transição dentro do universo de tecnologia – *habitat* natural do *Scrum* (que foi criado dentro desse contexto, onde é altamente difundido e utilizado) –, temos um *gap* que varia entre 40%-50% que vêm de outras áreas. Profissionais das mais diversas áreas, com diferentes tipos de experiências, conhecimentos etc., têm uma grande oportunidade para buscar um lugar nesse espaço!

Daqui para frente o provocamos e o desafiamos a – junto a leitura deste livro – se analisar e autoavaliar, para então ter a capacidade de escolher o melhor caminho nessa sua jornada pelo conhecimento, buscando a evolução da sua carreira!

2. *Scrum Master*, *Agile Master*, *Squad Leader*, *Agile Coach*. Quais as diferenças?

Fabiana Leite
Márcio Silva de Moura

Uma grande dificuldade para quem está procurando emprego como *Scrum Master* e se preparando para uma transição de carreira é se enquadrar e entender as habilidades necessárias em relação ao que o mercado de trabalho pede. Há também a preocupação com um plano de carreira e capacitações a longo prazo, ou seja, após o início das atividades, enxergar os próximos passos para um desenvolvimento técnico, pessoal e profissional.

Além disso, existe um grande desafio de entendimento sobre as diferentes nomenclaturas distintas que o mercado adotou para esse papel. Este capítulo busca explicitar as principais competências e habilidades de que o papel necessita, e caminhos para desenvolvê-las. Além disso, busca trazer reflexões que possibilitem um plano de preparação pessoal, avaliação de habilidades técnicas e/ou comportamentais, avaliação de vagas ou preparação para entrevistas de emprego, por exemplo.

Para facilitar o entendimento, este livro abordará o que há de mais comum até o momento no mercado em relação aos papéis de *Scrum Master* e *Agile Coach*. Cabe ressaltar que o mercado de trabalho, atualmente, traz outros papéis de agilidade que tangenciam as competências desses dois, como, por exemplo, *Squad Leader* e *Agile Master*. Existem até mesmo várias vagas chamadas de *Enterprise Agile Coach* para explicitar que a empresa está se referindo a um *Agile Coach* mais sênior. Embora esses exemplos de papéis ainda não sejam um consenso na comunidade ágil e no uso por empresas, entendemos que, mesmo em um levantamento não exaustivo, são os mais citados no LinkedIn e em outras plataformas de recrutamentos, como Gupy, Vagas e JOB, e por isso vale essa menção rápida no livro.

Serão apresentadas a seguir as habilidades, competências e capacitações para quem iniciará o cargo de *Scrum Master* e as naturais evoluções que podem aparecer para este cargo, em suas mais variadas nomenclaturas. Em um segundo momento, apresentaremos as capacitações do *Agile Coach*, permitindo uma reflexão sobre uma futura recolocação para quem quiser seguir para esse papel.

Conforme citado no capítulo inicial, o papel de *Scrum Master* costuma ser a "porta de entrada" para os temas de agilidade, transformação digital e projetos de tecnologia da informação. Isso porque se baseia na aplicação dos conceitos, fundamentos e rituais estabelecidos no *framework Scrum*. O papel do *Scrum Master* é ser o "guardião" do *Scrum*, procurando orientar o time a seguir o Guia do *Scrum* e auxiliando a empresa a disseminar o *mindset* ágil a partir desse *framework*. "O *Scrum Master* é responsável pela eficácia do *Scrum Team*. Ele faz isso permitindo que o *Scrum Team* melhore suas práticas, dentro do *framework Scrum*" (SCHWABER; SUTHERLAND, 2020).

Além de conhecer muito bem o *framework*, seus papéis, responsabilidades, rituais e artefatos, para desempenhar bem esse papel é fundamental conseguir disseminar e habilitar o time em sua correta utilização. Para isso, são necessárias algumas competências, como técnicas de facilitação, boa comunicação, escuta ativa e protagonismo para resolução de problemas e impedimentos. É importante também conhecer métricas ágeis, pois estas dão suporte para trabalhar a melhoria contínua e estimulam a inspeção e adaptação com base nos dados colhidos, além de promover a autogestão do time.

Com o tempo, o *Scrum Master* começa a conhecer e experimentar outros métodos, sistemas, metodologias e ferramentas. Em geral, todo o controle de atividades do *Scrum* é realizado a partir do desenho de um fluxo *Kanban*. Portanto, geralmente os *Scrum Masters* buscam se aprimorar no entendimento e aprimoramento da gestão desse fluxo de atividades. Afinal, o *Kanban* tem como base o *Lean* (sistema enxuto) e gera um melhor estudo de fluxo, trazendo melhorias de processos, entendimento do gargalo e adoção de um "*backlog* puxado". Nesse contexto, há a evolução do *Scrum* adaptado à necessidade do time. Mais detalhes sobre o *Kanban* serão abordados no Capítulo 15.

Outra evolução de habilidades para o *Scrum Master* diz respeito a técnicas de gestão de time, possibilitando uma melhor avaliação de competências e potenciais dos integrantes da equipe, além de técnicas e dinâmicas para extração de ideias e consolidação de um *backlog* mais otimizado. Nesse contexto, podemos citar as técnicas de gestão 3.0 (*Management* 3.0). Esses conhecimentos auxiliam o profissional a fazer leitura de cenários em relação à equipe, ter atitude de dono na resolução dos impedimentos e habilidade para facilitar *workshops* ou ministrar treinamentos para outras pessoas além do time. Possibilita também ao profissional formar outros *Scrum Masters* no início de carreira. O livro abordará mais detalhes do *Management* 3.0 no Capítulo 25.

Outro ponto muitas vezes exigido no mercado é a "escala do ágil na organização". Esse conceito se refere à replicação, para outras equipes, dos procedimentos utilizados com eficiência em um time. Muitas vezes, essa necessidade se dá em projetos com produtos em comuns, resultando em uma necessidade de controle das informações e entregas de cada time, que devem ser sincronizadas para uma entrega única. Nesse contexto, o profissional deve conhecer alguns *frameworks* de ágil em escala ou práticas para escalar o ágil, tais como *SAFe®* e *Scrum@Scale*, e práticas como a do *Flight Levels*, Maturidade *Kanban* e outras.

Outro contexto que vale ser abordado é em relação às fases existentes nos projetos dentro das empresas. Cabe ressaltar que, além da etapa de desenvolvimento (*delivery*) de uma equipe, muitas empresas trabalham com modelos chamados de *dual-track agile*, que consistem nas fases de descoberta (*discovery*) e desenvolvimento (*delivery*).

Faz-se necessário também conhecer técnicas e ferramentas de *discovery*, relacionadas a *brainstorm*, criação de experimentos, prototipação de produtos etc., para corresponder às expectativas de inovação e desenho de soluções. Alguns métodos que envolvem essa abordagem são o *Lean Inception*, *Design Sprint* e *Design Thinking*. Esse conhecimento traz também ao profissional a habilidade de auxiliar o *Product Owner* na organização do *backlog* e avaliar cenários de entrega e elaboração de MVP, por exemplo. Muitas vezes, portanto, apesar de não ser papel do *Scrum Master* a execução de tarefas relativas ao produto, seu conhecimento é importante, sendo requisitado o seu auxílio no planejamento das atividades e no acompanhamento dos prazos e conteúdo dos entregáveis, pois o resultado final da etapa de *discovery* geralmente fará parte do conteúdo a ser tratado na etapa do desenvolvimento.

Vale observar que a ideia não é sair estudando tudo e tirando inúmeras certificações, nem se assustar com o vasto leque de necessidades aqui citadas para o desempenho do papel de *Scrum Master*. O intuito da descrição desses cenários é auxiliar o profissional a perceber que existem muitos contextos e variáveis próprias para cada empresa – e, portanto, envolve uma análise de qual é a necessidade do time e da empresa, para que se busque um aprimoramento pontual que alavanque a maturidade do time e as próprias habilidades na gestão dessas necessidades.

Portanto, a exigência das competências desenvolvidas pelo profissional que atua nessa função dependerá do nível de maturidade ágil que a empresa tiver e como ela espera que aporte a sua expertise. É evidente que mesmo as empresas com alto nível de maturidade terão espaço para *Scrum Masters* em início de carreira, que poderão iniciar a contribuição gerindo novas equipes. Lembrando que, conforme a evolução dessas competências, o mercado pode usar diferentes nomenclaturas, já citadas (*Scrum Master, Agile Master, Squad Leader*).

Cabe ressaltar também que ao longo do tempo a habilidade de trazer dados de eficiência para tomar decisões surge não só para o time, mas também para fomentar conversas com a liderança. Muitas vezes um *Scrum Master* mais maduro traz evidência, por exemplo, de quanto a sobrecarga afeta o resultado no longo prazo ou de como as mudanças constantes prejudicam a maturidade e o engajamento do time.

Nessa etapa, o profissional passa a fazer parte da elaboração da estratégia da empresa, colaborando com a geração de dados cruciais para o aprimoramento do processo de construção dos produtos, tanto do ponto de vista do desenvolvimento (ferramentas, métodos, processos, equipe) quanto do negócio (geração de valor, priorizações, estratégias de mercado).

Para o profissional que se interessa por trabalhar em um nível mais gerencial, uma oportunidade de transição de carreira futura é seguir para o papel de *Agile Coach*.

O papel do *Agile Coach* se diferencia do *Scrum Master* pelo nível de atuação. Isso porque ele não se dedica à transformação ágil apenas na formação dos times, mas na empresa como um todo. Ele exerce a função de mentor e polinizador, ou seja, tem a responsabilidade de avaliar os padrões dos times da empresa, sugerir melhorias e ampliar as experiências bem-sucedidas. O *Agile Coach*, diferentemente do *Scrum Master*, geralmente não é membro do time. Ele trabalha em um contexto organizacional, formando times e líderes e apoiando na estruturação do ágil em escala e do *business agility*. Quando um *Agile Coach* é mais sênior e atua na estratégia da empresa, fazendo *coaching* para executivos, diretores e lideranças, o mercado vem recentemente nomeando esse profissional de *Enterprise Agile Coach*.

É ele que realiza o *coaching* ágil para lideranças. Cabe a ele identificar os pontos fortes de cada *squad* e replicá-los para os outros *squads* que possuam déficit nesses pontos, estimulando e promovendo trocas de práticas e disseminação da comunicação entre os times. Muitas vezes, no ágil em escala, realiza o sincronismo entre os *Scrum Masters* envolvidos 'intratime', garantindo a mesma taxonomia e cuidando para que as melhores práticas sejam adotadas. O *Agile Coach* não se apega a nenhum *framework*, ferramenta ou processo, sendo capaz de criar ou adaptar o que melhor couber na realidade e na maturidade dos times e da empresa. Da mesma maneira, cabe a ele identificar fraquezas e propor pontos de melhoria.

Além disso, cabe ao *Agile Coach* o planejamento para "escalar" o modelo, ou seja, ampliar o número de *squads* (quando este for o objetivo da empresa), identificando o ritmo necessário para que os times possam ser criados, treinados, avaliados e atinjam a maturidade necessária para que um próximo passo de ampliação possa ser dado. Para exercer esse papel, o *Agile Coach* deve dominar técnicas e *frameworks* de ágil em escala e precisa ter excelente visão sistêmica dos processos e da organização, além de habilidade em trabalhar com problemas complexos.

Faz uso não só de técnicas de agilidade, mas, muitas vezes, de *coaching* e *mentoring*. É recomendado conhecer o negócio para aportar questionamentos para a organização evoluir continuamente em prol dos resultados não só de eficiência, mas também de eficácia.

Suas responsabilidades, portanto, passam a ser levar o *mindset* de agilidade a toda a alta liderança da empresa, auxiliando a aplicar a transformação digital na empresa. Nesse contexto, as habilidades de gerenciamento organizacional são indispensáveis, pois há uma forte necessidade de mapear os processos, entender os gargalos, aplicar os conceitos *Lean* e desenhar a transformação organizacional. Essa transformação passará, certamente, por diminuir os silos e a independência das áreas, tornando os processos mais fluidos e multidisciplinares, alterando inclusive os conceitos de "comando e controle", trazendo soluções mais colaborativas e com auto-organização das equipes.

3. O mercado ágil no Brasil

Adriana Lourenço
Leonardo Cruz
Márcia Maximiano da Silva

Como descrito no Capítulo 1 deste livro, o papel de *Scrum Master* talvez seja a função mais democrática de todas na agilidade. Ser facilitador não é uma tarefa fácil, pois, além de métodos e práticas, lidamos com pessoas. Ser *Scrum Master* é tornar-se um ser empático, conhecer os problemas do time e ajudá-lo a se desenvolver e atingir seu maior potencial.

Para sobreviver e prosperar no mundo atual, é necessário mais do que estratégia, plano de ação, vontade, motivação e demais conceitos que aprendemos na academia e nos cursos de desenvolvimento profissional.

A sociedade e os negócios estão mudando cada vez mais rápido, e a sigla VUCA tornou-se sinônimo do ambiente atual: os cenários nunca foram tão variáveis, incertos, complexos e ambíguos. As empresas tradicionais viram surgir concorrentes inesperados, surgiram *startups* em vários campos e a tecnologia da informação e a inteligência artificial mudaram o rumo dos mercados globais que pensávamos já estar consolidados.

Nesse contexto, o *Scrum Master* é um profissional diferenciado que possui muitos conhecimentos e alinha técnicas e experiências bastante requisitadas no mercado de trabalho. Se fizermos uma breve pesquisa no LinkedIn, veremos que há cerca de 34.000 profissionais com o cargo de *Scrum Master* somente no Brasil. No mundo, são 683.000 *Scrum Masters*. Estamos falando de 4,97% do total de *Scrum Masters* no mundo. Mas por que há essa procura crescente para fazer a transição para ser *Scrum Master*?

Esse profissional é responsável por atuar e auxiliar na resolução de problemas. Hoje, muitos acreditam que ele precisa ter conhecimento de cultura *Lean, Kaizen*, saber encontrar as causas-raízes e promover mudanças e melhorias de processos dentro dos times para obter o melhor desempenho possível. Nota-se que há uma demanda crescente por esse profissional no Brasil, levando muitas empresas a procurar pelo "unicórnio", isto é, *Scrum Master* com 10 anos de experiência, conhecimento em *Scrum, Kanban,* XP, *Crystal*, experiência como desenvolvedor *fullstack*, além, claro, de ter conhecimento em negócio. Cabe a você, leitor, que está em fase de transição de carreira, ou procurando nova alocação, fazer sua parte. E qual é a sua parte? Desenvolver *hard* e *soft skills*! (falaremos mais sobre elas em capítulos futuros).

O motivo da alta demanda é a adoção massiva de metodologias ágeis na área técnica das empresas e sua utilização em vários departamentos. Hoje o mercado já fala em organizações ágeis com entrega rápida, planejamento mais curto e flexibilidade. Desde a década passada, no período entre 2010 e 2019, há no Brasil uma grande movimentação para se fazer transformação digital em empresas e escritórios. No ano de 2021 a NTTDATA, multinacional japonesa de consultoria e tecnologia, em conjunto com o *MIT Tech Review en español*, fez o estudo sobre "Agilidade na América Latina, uma competência 'essencial' das empresas que buscam se adaptar". Victor León, *Head* do Centro de Excelência Ágil da NTTData Latam, diz que a promessa de que a agilidade é a melhor forma de se adaptar a um mundo em constante mudança foi colocada à prova pela crise e ficou comprovada (PORTAL ERP, 2021).

A urgência das empresas de se transformarem digitalmente impulsionou a demanda por profissionais de tecnologia. A estimativa é que o setor tenha um déficit de 408 mil profissionais em 2022 (ANDRION, 2022). Todos os negócios, do mais tradicional ao mais inovador, precisam de um *Scrum Master*.

3.1. A decisão de se tornar um *Scrum Master*

Simon Sinek, no livro "Comece Pelo Porquê" (SINEK, 2018), escreve sobre **propósito** e sobre o "porquê" – no caso, a motivação que nos leva a realizar determinada missão ou ser simplesmente o que somos. Ele nos faz refletir sobre a importância de aplicarmos no dia a dia esses dois conceitos.

Ainda falando sobre propósito, encontramos no dicionário Michaelis (MICHAELIS, s.d.) as seguintes definições: a) intenção de fazer ou deixar de fazer alguma coisa; desígnio, plano, projeto, vontade; b) decisão após consideração e várias possibilidades; deliberação, resolução; c) objeto que se tem em vista; meta, mira; d) Bom senso; juízo, prudência, tino.

Então, após entender o que é o propósito, é preciso entender a sua decisão de se tornar um *Scrum Master* (e isso acontece após um período de reflexão, de análise das possibilidades e depois de entender a viabilidade dessa transição – abordaremos mais o assunto no Capítulo 7). Você precisa entender o porquê de se tornar esse profissional. Ainda segundo Sinek (2018), encontrar o "Porquê" é encontrar uma causa e a sua vocação. Então, será isto que o motivará a sair da cama todos os dias, será isso que fará você engolir sapos enquanto faz o que ama. É o fio condutor que vai levar você a atingir seus objetivos.

Para entender melhor "propósitos e porquês", vamos falar um pouco sobre o Círculo Dourado. "Por Que" está no cerne, envolto pelo "Como" e, logo em seguida, pelo "O Quê". Dessa forma, quando é realçado primeiramente o "Por Que", o objetivo das suas iniciativas é exposto; é o que o move a fazer o que faz. Em seguida, "como" você busca alcançar esse objetivo? Qual o seu plano de ação para isso? E, finalmente, "o quê", que será o seu produto final, sua definição do que faz ou vende.

Figura 3.1. Círculo Dourado.
Fonte: adaptado de Sinek (2018).

Quando você definir o seu porquê, conseguirá transmitir de forma clara o seu propósito. Vai entender por que vai enfrentar diversos desafios até se tornar um *Scrum Master* e como de fato atuará no mercado ajudando a construir um cenário que é bastante promissor. Muitas vezes, poderá se questionar e querer voltar atrás da sua decisão, mas se você estiver comprometido consigo mesmo conseguirá avançar para o próximo passo, que é encontrar "como" você vai se tornar um *Scrum Master*.

3.2. Como ser o *Scrum Master* que eu quero no futuro

Portanto, ciente do seu porquê e com o seu propósito muito bem definido, chegou a hora de compreender como se tornar um *Scrum Master*. Isso quer dizer que é preciso pensar em quais caminhos você deverá seguir (aqui se inclui a metodologia que você irá adotar). Sua definição foi detalhada no Capítulo 2. Por que é importante pensar em quais caminhos seguir? A resposta é simples: se você não sabe para onde ir, não importa qual caminho seguir (CARROLL, 2019). Se você sabe para onde quer ir (ser um profissional *Scrum Master*), então precisará de um princípio essencial: definir com clareza como alcançar esse objetivo. Dessa forma, a síndrome "ALICE do TANTO FAZ" não existirá para você. E, convenhamos, o "tanto faz" não leva ninguém a um caminho seguro e promissor.

E como saber para onde ir? Antes de tudo, é relembrar o que você quer ser (só para reforçar: *Scrum Master*). De posse dessa informação, o próximo passo agora é traçar como você poderá alcançar com êxito esse papel. Tenha um plano de ação para conquistar essa posição. Embora não exista uma receita de bolo para isso, e cada pessoa acabe realizando distintas estratégias, algumas dicas e iniciativas podem (e devem) ser levadas em consideração.

Caminhos (metodologia) que poderão ajudá-lo nessa jornada:

1. Adotar uma rotina de estudo constante sobre assuntos relacionados a agilidade e *frameworks* como *Scrum, Kanban*, dentre outros. Aqui podem ser incluídos *webinars, lives,* cursos pagos e gratuitos, livros, revistas e artigos sobre o tema.
2. Fazer *networking*. Conhecer pessoas é uma boa maneira de crescer profissionalmente, além de ser um processo bem prazeroso.
3. Incluir nos seus hábitos boa alimentação e exercícios físicos tornará você mais forte e feliz para enfrentar o dia a dia desse percurso em direção a ser um *Scrum Master*.
4. Praticar *mindfulness* (atenção plena, em português). Com esta técnica você estará plenamente focado ou conectado no que está fazendo, vivenciando ou sentindo a capacidade de estar completamente presente no que está acontecendo. Você estará 100% atento ao que está sendo realizado em determinado momento, e essa concentração direcionada a sua carreira como *Scrum Master* proporcionará a você um meio eficiente para conquistar essa vaga.

Essas orientações, se bem articuladas e desenvolvidas, poderão auxiliá-lo nessa caminhada. Mas lembre-se: dedicação e compromisso diário serão essenciais para que tudo aconteça positivamente e o seu almejado "SIM, está contratado" chegue para alegrar a sua vida e inseri-lo no mercado de trabalho ágil.

3.3. O fazer quando se tornar *Scrum Master*

Depois de algum tempo se preparando e procurando oportunidade na área, enfim seu contrato saiu. Agora, de fato, você é um *Scrum Master* no mercado. Quando esse momento chega, o profissional depara com dois cenários: o que aprendeu em cursos, treinamentos, comunidades, *networking* etc. e aquele que desenhou ao longo do caminho com esse novo desafio.

Perceba que não é uma rotina ou algo estático – muito pelo contrário: a cada instante o profissional é inserido em cenários diferentes, reuniões distintas, trocas de mensagens para resolver alguma questão ou decisão, conflitos, novos companheiros de jornada etc.

Pense que essa transição não será tão complexa porque a sua "pegada", de forma bem resumida, sempre foi atuar com pessoas para auxiliar na resolução de suas dores e ajudá-las a atingir seus objetivos.

De certa forma, esse pensamento está certo. Porém, além de ter essa habilidade, também é necessário compreender o *framework*, toda a teoria atrelada a ele, as cerimônias, os artefatos e alinhar isso à prática, a tal da "mão na massa". É nesse momento que o profissional começa a ter frio na barriga e vem o questionamento: "será que estou pronto?".

A resposta parece ser não, pois é um ambiente novo. Embora trazer uma bagagem ajude muito, é natural que você precise de um período para amadurecimento. Não há uma receita de bolo sobre o que fazer nesse momento e em quanto tempo estará preparado. Mas, analisando os profissionais no mercado, parece que um período de três meses já é o suficiente para você se sentir "encaixado" nesse espaço.

Mas fique tranquilo. Entenda que dentro do mesmo cenário temos uma empresa composta por pessoas que provavelmente também estarão em algum tipo de transição, talvez tentando compreender um novo ambiente e se perguntando: será que esse novo ambiente será realmente mais produtivo? A transformação da dinâmica do dia a dia vai ficar mais suave? Será que vamos ter esse amparo de que "erramos e está tudo bem, vamos consertar logo e vamos aprender com esses erros para que não se repitam"? Será que vamos conseguir fomentar e disseminar a cultura da transparência, colaboração e parceria entre nós?

Uma frase muito interessante, com uma pequena modificação para encaixar nos cenários em que usamos a agilidade como prática, é: "errar é humano, insistir no mesmo erro não é legal, porém erros novos são bem-vindos!". Porque se vamos errar – o que é um fato –, que esses erros sejam novos para que possamos aprender mais e mais com eles. Até podemos encaixar o conceito das *sprints* nessa frase: quanto mais rápido erramos, mais rápido identificamos o erro, mais rápido consertamos e isso vai aos poucos aumentando o nível de maturidade de todos ao longo dessa jornada.

E aqui vão algumas sugestões para o seu início de carreira:

- ✓ Comece tentando conhecer o quanto puder sobre as pessoas e o ambiente onde você está inserido.
- ✓ Nesse início, nessa fase de conhecimento, escute e observe bastante como as pessoas se comportam umas com as outras, como é a dinâmica no dia a dia, como a conversa flui entre elas e dentro da organização – analise o comportamento.
- ✓ Pratique a escuta ativa, demonstrando que está realmente prestando atenção no que as pessoas estão falando. Perceba os gestos além das palavras. Se não compreendeu o que está sendo dito, indague, mas seja suave caso precise interromper. Por mais que alguma situação seja entediante, procure não se distrair ou pensar em outra coisa enquanto alguém estiver falando. Dê uma atenção verdadeira às pessoas ao seu redor.
- ✓ Pratique a empatia e mostre para o seu time que você chegou para somar.
- ✓ Demonstre o conhecimento que você aprendeu, use suas habilidades sem medo de errar ou de parecer um iniciante e saiba pedir ajuda também.
- ✓ Seja gentil, repasse o conhecimento, seja um multiplicador!
- ✓ Traga o espírito de colaboração usando algumas perguntas do tipo: "tudo bem para você?" "E se fizéssemos assim?" "O que acha desse formato?".
- ✓ Sempre que possível traga novidades, curiosidades e assuntos interessantes para construir um *link* com as pessoas.

É importante entender que, quando se tornar um *Scrum Master*, você não estará lidando apenas com seu time, mas com toda a organização. Você estará em um cargo de liderança e, como um bom facilitador, deve buscar ser um bom comunicador para navegar em todos os níveis da organização. Como você removerá bloqueios se não conhecer bem o ambiente em que está? Como ele opera? Quais as burocracias existentes? Como é a comunicação? Quanto tempo leva uma atividade que está na dependência do seu time?

Tome nota de tudo e estimule a auto-organização. Estamos vivenciando uma nova era onde a velocidade de propagação da informação é alta; são tempos intensos e corridos que pedem fluidez no dia a dia, porém um merecido e necessário descanso ao final dele (muito importante essa última parte!).

Em tempos onde o trabalho *home office* ganha cada vez mais espaço, uma boa dica é pedir para as pessoas abrirem suas câmeras; mesmo que haja aquela resistência no início, insista. Quanto mais contato visual, mais essa distância é encurtada, e a tendência é que as pessoas se sintam mais à vontade com você e uns com os outros; essa é uma barreira bem complexa, mas aos poucos pode ser quebrada. Tenha paciência!

Busque cada vez mais conhecimento conforme surjam situações adversas. Coloque-o em prática! Para navegar no mundo da liderança servidora, é preciso saber lidar com pessoas e todas as suas peculiaridades. Cada pessoa é um universo a ser explorado. Assim, você conseguirá mergulhar em uma conversa e obter informações valiosas para exercer seu papel *Scrum Master* de remover os impedimentos, melhorar o formato de comunicação, entender quais as reais necessidades, como você pode colaborar, além de saber como se movimentar dentro da organização em que você estará inserido, para conseguir facilitar tudo isso.

E é isso que você deve buscar ser quando se tornar um *Scrum Master*: um líder servidor, alguém que as pessoas passem a admirar e confiar. Incentive o autogerenciamento e faça amigos!

Para se tornar um *Scrum Master*, é preciso ter o dom de liderar pelo exemplo, tem que gostar de gente, mas também entender de processos. Precisa desenvolver habilidades, conhecer ferramentas que facilitem as tarefas do seu dia a dia e do seu time e seguir na cultura do aprendizado contínuo (*lifelong learning*). Lembre-se de que uma organização é composta por pessoas e burocracias, e seu papel é melhorar cada vez mais esse ambiente e ser um protagonista aonde quer que for. Adapte-se e inove!

Se aparecer um desafio, encare! Se ficar desmotivado, procure rapidamente algo que o motive! Entenda que nosso combustível vem da vida que escolhemos levar, do prazer que sentimos em fazer o que fazemos e, principalmente quando entendemos o porquê daquilo que estamos fazendo. E se tudo parecer muito complicado, peça ajuda! Uma dica, já dita anteriormente, pode ser reforçada aqui: participe de grupos e comunidades em diversas redes sociais, *workshops*, *webinars*, fóruns de bate-papo etc., pois a troca nesse universo é fantástica e a acolhida é maravilhosa! Amplie seu *networking*! Seja um profissional feliz! Seja aquele que o mercado de trabalho está esperando.

4. O verdadeiro papel do *Scrum Master*

Adriana Lourenço
Márcia Rodrigues Campos

O *Scrum* é um *framework* que tem como função ajudar a "gerar valor por meio de soluções adaptativas para problemas complexos" (SCHWABER; SUTHERLAND, 2020). Para atingir esse objetivo, o *Scrum* foi criado para ser leve, simples e incompleto. Por que incompleto? Esse conceito "de ser incompleto" é para dar oportunidade para que o *framework* possa ser aprimorado pela equipe, de maneira colaborativa, ao longo do tempo de vida do projeto em que o produto ou serviço está sendo construído e se beneficiando da inteligência coletiva do time. É essa inteligência coletiva e essa colaboração entre cada membro do time que serão fundamentais para o sucesso na implementação do *framework* com todos os benefícios que ele traz.

Mas, para que tudo corra bem, é muito importante saber que durante o processo de implementação desse *framework* um dos membros do *Scrum Team* deve conhecer, estar treinado no *framework* e apto a gerir esse processo com autonomia. Esse profissional é o *Scrum Master* – é ele o "guardião" de toda essa estrutura. Os autores Schwaber e Sutherland dizem em sua obra literária que "*Scrum* é simples. Experimente como está e determine se sua filosofia, teoria e estrutura ajudam a atingir objetivos e criar valor" (SCHWABER; SUTHERLAND, 2020).

O *Scrum Master* é o facilitador do *framework Scrum*, responsável por treinar o time conforme definido no Guia *Scrum* (SCHWABER; SUTHERLAND, 2020). Ele também é um líder servidor que ajuda o *Scrum Team*, o *Product Owner* e a organização, orientando a todos nesse constante processo de melhoria da execução das práticas do *Scrum* e também em situações diversas, como pode ser observado na Tabela 4.1.

O *Scrum Master* tem um papel fundamental como líder, pois ele atua de forma a tornar o time cada vez mais independente e maduro, agindo com uma característica-chave: **liderança servidora**. Uma liderança que coloca foco nas pessoas e na colaboração entre elas. Logo, a realização profissional de um *Scrum Master* é ver o resultado desse trabalho espelhado no desempenho de todo o time, melhorando um pouco a cada dia.

Tabela 4.1. *Scrum Master* – líder servidor.
Fonte: adaptado de Schwaber; Sutherland (2020).

Scrum Team	*Product Owner*	A organização
Treina os membros do time em autogerenciamento e *cross*-funcionalidade.	Ajuda a encontrar técnicas para a definição eficaz de meta do produto e gerenciamento do *product backlog*.	Lidera, treina e orienta a organização na adoção do *Scrum*.
Ajuda o *Scrum Team* a se concentrar na criação de incrementos de alto valor que atendem à definição de pronto.	Auxilia o time a entender a necessidade de ter itens do *product backlog* claros e concisos.	Planeja e aconselha implementação do *Scrum* dentro da organização.
Remove impedimentos que atrapalham o progresso do fluxo de atividade.	Assessora no planejamento empírico do produto para um ambiente complexo.	Ajuda os funcionários e os *stakeholders* a compreender e aplicar uma abordagem empírica para trabalhos complexos.
Garante que todos os eventos *Scrum* ocorram e sejam positivos, produtivos e mantidos dentro do *timebox*.	Facilita a colaboração dos *stakeholders*, conforme solicitado ou necessário.	Remove barreiras entre *stakeholders* e *Scrum Team*.

Como diz uma expressão muito conhecida por nós, é um "trabalho de formiguinha". O *Scrum Master* faz pouco para ao longo do tempo ter um resultado exponencial, ajudando, motivando e orientando todos que precisam alcançar os resultados esperados ou ir além das expectativas. Ele deve atuar como um *coach* para essas pessoas, liderar pelo exemplo e aos poucos chegar na maturidade que o time precisa para que seja percebido por toda organização ao longo dessa trajetória.

Traduzindo todo esse conceito para o mercado de trabalho, em uma visão macro, podemos ver a atuação do *Scrum Master* em dois cenários: quando ele recebe a responsabilidade de conduzir uma equipe onde o *framework* já está rodando ou quando ele recebe a missão de implementar o *Scrum*, onde talvez não exista a formação de um time e o *Scrum* seja algo completamente novo.

Assim, é possível observar o valor e as atividades que serão realizadas por esse profissional. É nesse momento que ele precisará colocar em prática todos os conhecimentos adquiridos *by the book*, assim como a prática observada no dia a dia. E qual seria a diferença entre esses dois desafios?

No primeiro cenário, pode ser que o *Scrum Master* tenha mais facilidade, pois o time já está familiarizado com o *framework* – porém, este pode precisar de adaptações.

Já no segundo cenário os desafios poderão ser maiores, sendo provável ter que elaborar uma compreensão bem mais abrangente analisando dois principais atores: a organização e o(s) time(s).

Não devemos esquecer que tanto a organização quanto o(s) time(s) são compostos por pessoas, porém atuando em cenários e papéis diversos. Em parte, terão diferentes interesses devido às peculiaridades de seu cargo, mas um mesmo objetivo, que seria atingir suas metas gerando valor para a organização, que visa crescer dentro do seu nicho estratégico de negócios.

Entendendo a complexidade que permeia esse cenário, o *Scrum Master* poderá traçar seus planos e ações para "navegar" nesse universo de diversidade de informação, interesses e demandas que uma organização possui, pois, conforme abordamos anteriormente, ele auxiliará a todos no processo de implementação e/ou adaptação do *framework Scrum*, sendo um agente de mudança que leva a organização de um estado para outro.

O principal desafio é mostrar os benefícios que o *framework* tem a oferecer, conseguir engajar o máximo de pessoas dentro da organização para que também atuem diretamente nesse processo de mudança e se sintam engajadas em um propósito maior.

Entrando na realidade de mercado, por exemplo, o *Scrum Master* pode participar de reuniões gerenciais, levando informações sobre a evolução das equipes, progresso das *sprints*, entregas, cronogramas, marcos, *releases*, dentre muitas outras informações. Para isso é importante ter *expertise* para elaborar e interpretar relatórios com clareza e precisão, enaltecendo nesse momento um dos principais pilares do *Scrum*: **transparência**, primordial para que a organização acompanhe não só como o trabalho está sendo conduzido, mas também as melhorias aplicadas e seus resultados. Aqui vemos uma ação importante do *Scrum Master* como líder fazendo a ponte de comunicação que manterá todos do time atualizados e ao mesmo tempo trazendo o sentimento de pertencimento para todos.

Outro ponto que também pode surgir é a interação com a governança, sendo de suma importância que o *Scrum Master* a conheça profundamente para equalizar as ações do time com padrões, conceitos, ferramentas, políticas e muitas outras definições que são adotadas e seguidas por toda a organização. Manter o trabalho em conformidade com os padrões de uma organização é uma vantagem estratégica para conhecer seus meandros e saber onde adaptar planos e ações de melhorias para a equipe. Aqui vemos outro pilar importante do *Scrum*: **adaptação.**

Em algumas organizações, o desenvolvimento do produto pode ser elaborado por uma equipe que vai além do *Product Owner*, como, por exemplo, alguém que faça a escrita das histórias de usuário, alguém que desenvolva o design e o *layout* dos protótipos, alguém que elabore os desenhos de fluxo dos processos que compõem o produto, dentre outros papéis. O *Scrum Master* também pode ser solicitado a estar próximo desse time a fim de auxiliar em diversos processos. Aqui ele verá uma possibilidade de "inspecionar" o que está sendo elaborado bem no início, para saber no que ele poderá contribuir com seus conhecimentos.

O objetivo deste capítulo foi mostrar um pouco das muitas interações que o *Scrum Master* terá em uma organização: ele circulará por diversas áreas, analisará a estrutura da organização, como as pessoas atuam em seus cargos e interagem com os diversos departamentos, como as pessoas se comunicam etc. Tudo isso vai servir de insumo para que ele possa atuar em seu papel de liderança, fazendo adaptações e trazendo melhorias de forma mais efetiva para seu time.

Uma analogia que pode ser feita é: podemos dizer que o *Scrum Master* se assemelha a um maestro em uma orquestra. É evidente que cada músico sabe exatamente seu papel, pois cada um possui uma habilidade com um instrumento diferente. Com a partitura em mãos, eles conseguem ler o momento certo de tocar ou de fazer uma pausa. Então por que o maestro se faz necessário? O maestro, assim como o *Scrum Master*, é quem conduz todo o ritmo e a cadência das pessoas.

Assim como o maestro, que fica em uma posição à frente dos músicos mostrando com o movimento de suas mãos o ritmo da música, a articulação das notas, as dinâmicas de interpretação com seus "códigos de linguagem corporais", e que cada músico vai aprendendo a interpretar para resultar na união do som em uma melodia única e perfeita, o *Scrum Master* também "rege" o time através de suas habilidades como líder e *coach*.

O *Scrum Master* precisa ter em mente que ocupará um cargo de gestão, sendo responsável por direcionar, treinar e orientar pessoas em cada passo desse trabalho em equipe, para que possa trazer valor tanto para o produto quanto para a organização.

Sendo assim, o verdadeiro papel do *Scrum Master* é ser um líder que vai desenhar caminhos para melhorar processos e facilitar a execução das atividades, contribuir para o crescimento profissional e pessoal de cada indivíduo, cultivar o companheirismo e o respeito para disseminar o conhecimento e unir processos e pessoas dentro de um contexto organizacional.

John Maxwell nos ensina que "liderança não é sobre títulos, cargos ou hierarquias. Trata-se de uma vida que influencia outra" (BROWN, 2014). Portanto, esse especialista da agilidade lidera pelo exemplo e melhora a cada dia suas habilidades para ser um modelo que todos queiram seguir.

5. O que o *Scrum Master* não faz

Aline Oliveira De Pianti
Bento Francisco dos Santos Júnior

Como vimos no capítulo anterior, o *Scrum Master* é um líder servidor, que colabora e é empático com o time; vimos também quais papéis são desempenhados por ele. Agora, é oportuno entender o que o *Scrum Master* não deve fazer. Por exemplo, quando se é líder de uma equipe, tenta ser líder servidor, mas muitas vezes não tem este perfil, ou seja, o profissional é arrogante e não faz a "liderança por exemplo".

Algumas atitudes **não** devem ser tomadas em times ágeis. Vejamos a seguir.

5.1. Não desempenhe a função de um gerente de projetos

Devido à ampla difusão dos métodos ágeis, muitos estão interpretando mal o papel do *Scrum Master*, ou seja, acabam desempenhando a função de um gerente de projetos. Mas, afinal, o que é ser um gerente de projetos? Segundo Candido *et al.* (2012, p. 84-85), um gerente de projetos é um profissional que "[...] aloca recursos, estabelece prioridades e coordena o relacionamento da empresa com os clientes. Além disso, ele deve manter a equipe do projeto concentrada na meta estabelecida. Em outras palavras, ser responsável por fomentar a integração do projeto".

Infelizmente, o *Scrum Master*, ao iniciar o seu trabalho, acaba fazendo várias atividades que são voltadas à função de um gerente de projetos, ou seja, planeja, executa, entra em contato com o cliente etc. Nada contra o gerente de projetos, mas esta não é a função de um *Scrum Master*.

A maioria dos gerentes de projetos trabalha com a gestão "comando e controle". Boa parte dos gerentes que migram o título para *Scrum Master* ainda segue, então, o mesmo modelo de gestão.

Como exemplo, vamos citar um projeto no qual a *Scrum Master* fazia o papel de Gerente de Projetos (GP), ou seja, fazia demandas que não eram de sua incumbência e, em virtude disso, não conseguia remover alguns impedimentos, isto é, ficou sobrecarregada de trabalho e acabou não desempenhando bem nem como GP nem como *Scrum Master.* É importante salientar que não há problema nenhum o *Scrum Master* assumir papéis que, em tese, não são de sua responsabilidade, desde que seja em benefício da equipe e não o sobrecarregue.

Em seguida veremos mais um papel que o *Scrum Master* não deve fazer, mas que é muito comum nas empresas.

5.2. Não faça o papel de "policial do *Scrum*"

Não seja um *Scrum Master* chato que segue o Guia *Scrum* "ao pé da letra" – ele serve de orientação. Você não infringiu o *Scrum* se combinou com a sua equipe que a discussão acabará em 15 minutos e ela ultrapassou um pouquinho mais. É importante lembrar que o primordial é a transparência, que é um dos pilares do *Scrum*, ou seja, todos devem discutir e saber "as regras do jogo", mas estas não precisam ser engessadas. Portanto, seja um agente de mudança, isto é, segundo Overeem (2020, p. 34), seja uma pessoa que ajuda uma organização a se transformar concentrando-se na eficácia organizacional, na melhoria e no desenvolvimento.

No último projeto em que participamos, no início, havia um responsável pelo controle da duração das reuniões (*timebox*) que ficava nos lembrando do tempo. Porém, em um certo momento, ele saiu da equipe. Com isso, as reuniões passaram a durar mais de três horas. O que queremos dizer com isso? Deve haver um controle do tempo, mas não de maneira rígida, como se o mundo fosse acabar caso o tempo ultrapasse o planejado. O que aconselhamos é: estabeleça em tempo em comum acordo com a equipe e não fique controlando.

5.3. Não compare times

Não cometa o mesmo erro de Steve Jobs em 1984, que criou uma disputa entre o time da Apple e da Macintosh, fazendo comparações entre os dois. O clima ficou tão ruim que, durante uma festa de fim de ano, ocorreu uma briga e 60 pessoas foram parar na delegacia. Como cada indivíduo tem sua particularidade, o time também tem. Respeito é um dos pilares do *Scrum*, portanto respeite as pessoas e, consequentemente, o time. Lembre-se: quando você aponta o dedo para alguém, pode haver três apontando para você.

Então, não seja o "Capitão Nascimento"[1] do seu time, comparando um time com o outro ou uma pessoa com outra, achando que isso vai incentivá-los. Na verdade, você vai criar uma "guerra civil" dentro da organização, onde os times vão guerrear uns com os outros. E nessa guerra não haverá vencedores!

Nos parágrafos a seguir veremos um caso muito comum nas empresas, mas que pode atrapalhar o desenvolvimento da equipe.

5.4. Não deixe que softwares determinem o processo

Segundo Schwaber e Sutherland (2020), o *Scrum Master* não deve deixar que softwares ditem o processo. Cada dia que passa temos uma infinidade cada vez maior de ferramentas que nos auxiliam a gerenciar processos. Isso é extremamente positivo. O problema é quando deixamos a ferramenta ditar o fluxo do processo e não o contrário. O *Scrum Master* não deve ficar amarrado à forma como a ferramenta foi desenvolvida, pois muitas das vezes ela pode não estar condizente com a realidade da sua equipe.

Existe uma forma de melhorar isso. A dica sugerida é: antes de utilizar qualquer ferramenta, busque descobrir como sua equipe trabalha. Somente após concluir esse levantamento é que se deve recorrer à ferramenta. Lembrando sempre que ela deve se adaptar à forma como você trabalha e não ao contrário.

[1] Personagem (líder do BOPE) do filme "Tropa de Elite" (2007), dirigido por José Padilha.

5.5. Conclusão

A fim de melhorar a compreensão sobre o que *Scrum Master* não deve fazer, criamos a tabela a seguir adicionando também o que ele pode fazer. Com isso, poderemos contribuir mais com a sua jornada.

Tabela 5.1. O que o *Scrum Master* pode ou não fazer. Fonte: os autores.

Scrum Master não deve fazer	*Scrum Master* pode fazer
Ser um gestor de projetos ou gerir a equipe no modo "comando e controle"	Entender melhor a equipe, fazendo perguntas
Seguir o Guia *Scrum* "ao pé da letra"	Criar uma cultura ágil na sua equipe e adequar o Guia *Scrum* a ela
Comparar os times *Scrum*	Criar um ambiente sadio entre as equipes, pois todos possuem o mesmo objetivo
Deixar os softwares determinarem o processo	Entender primeiramente o processo da sua equipe, pois o processo determina o fluxo.

6. Não sou de TI, mas me identifico com o papel de *Scrum Master*

Isabela Gayno
Márcio Silva de Moura
Márcia Maximiano da Silva
Poliana Peixoto

6.1. Um breve histórico de TI e agilidade

TI sempre foi reconhecida como uma área fechada, de difícil acesso, devido às suas particularidades de linguagens de desenvolvimento, lógicas de programação e constantes mudanças em tecnologias e tipos de equipamentos. Porém, atualmente, graças a novas metodologias e processos de desenvolvimento, essa distância entre TI e demais áreas foi diminuindo, e hoje já vemos equipes multidisciplinares atuando nos mesmos projetos, de maneira fluida e sem conflitos. A seguir será relatado um breve histórico de como isso aconteceu.

Um projeto envolvendo a criação ou manutenção de um sistema envolvia diversas reuniões de equipes de negócio com equipes de TI, que traduziam as soluções, mapeavam as necessidades sistêmicas, elaboravam um cronograma e depois de algum tempo começavam a entregar o que havia sido solicitado.

Porém, as entregas logo geravam algum tipo de ruído, por não contemplarem exatamente o que havia sido solicitado, ou as necessidades de negócio já não eram as mesmas após todo o tempo decorrido de desenvolvimento. Muitas vezes o esforço e o custo para adaptar as reais "novas necessidades" eram tão altos que as equipes de negócio acabavam convivendo com soluções incompletas.

Esse tipo de situação acabava gerando ainda mais distanciamento entre as áreas, pois o negócio enxergava TI como uma área que não sabia traduzir o que foi pedido, e TI enxergava o negócio como uma área que não sabia pedir o que queria.

Essa situação deu origem, em 2001, ao "Manifesto Ágil", um documento criado por 17 profissionais de desenvolvimento de software, visando simplificar o modo de construção de sistemas, aumentar a eficiência das entregas e trazer mais resultados à área de negócio. No caso de problemas, correções e ajustes seriam "bem-vindos", fazendo parte do processo de melhoria do sistema das empresas.

A consolidação dos requisitos do Manifesto Ágil – que envolve quatro valores e 12 princípios – deu origem ao termo "agilidade" e foi responsável por aproximar TI e negócio, trazendo um novo ritmo de desenvolvimento e priorização de atividades.

Um conceito muito difundido a partir desse Manifesto é definido pela sigla MVP (*Minimum Viable Product*), ou seja, **mínimo produto viável**. Ele retrata que o grande objetivo de um desenvolvimento de sistemas é conseguir entregar algo no menor "tamanho" possível, desde que seja funcional, ou seja, atenda a algum tipo de cenário que possa ser implementado e executado, e, a partir dessa entrega, seja possível agregar melhorias até atingir todas as funcionalidades inicialmente desejadas.

6.2. *Scrum*

O *Scrum* surgiu a partir dessa nova visão de agilidade necessária ao desenvolvimento de software. Trata-se de um *framework* que estipula diversos processos, papéis, responsabilidades e objetivos de desenvolvimento, facilitando a organização das atividades, o controle das entregas e a medição dos resultados. O nome *Scrum* foi idealizado a partir de um movimento do jogo de rúgbi, em que as equipes decidem juntas as estratégias e as decisões a serem tomadas (MOURA, 2021a).

Em uma equipe que aplica o *Scrum* não há hierarquia: todos são responsáveis por argumentar e auxiliar nas tomadas de decisão, influenciando, portanto, os próximos passos a serem executados.

6.3. *Scrum Master*

O *Scrum Master*, na equipe, funciona como um "maestro". Ele auxilia todo o time no acompanhamento de suas tarefas, tenta se antecipar a eventuais problemas que impeçam o time de atingir os objetivos, busca soluções ou pessoas que possam auxiliar quando há dependências para a sequência de determinadas atividades e ainda ajuda o responsável pela área de negócio (*Product Owner*) a manter a lista de tarefas futuras sempre organizada, priorizada e detalhada.

Assim, é possível que um *Scrum Master* não venha da área de TI, pois conceitualmente ele não atuará no desenvolvimento de sistemas (codificação), não precisará fazer os testes da ferramenta, nem definir ou cuidar da infraestrutura da aplicação. É claro que ter o conhecimento de todas essas necessidades auxiliará o *Scrum Master* a intervir quando algo der errado, porém não se trata de nenhum impeditivo caso ele saiba rapidamente a quem recorrer e como buscar ajuda.

6.4. Por onde começar?

Quem se interessa pelo conceito de agilidade, por pequenas e contínuas entregas de valor, trabalho colaborativo, organização de tarefas e gestão de pessoas irá se identificar facilmente com o papel de *Scrum Master.*

E é bem possível que, naturalmente, em sua experiência de vida (pessoal e profissional), já terá uma boa "bagagem" para apresentar em sua transição de carreira, mesmo vindo de fora do ambiente de TI.

"Se não tenho formação na área, por onde eu começo? Quais cursos seriam indicados?"; "posso começar a estudar sem saber nada de tecnologia?". Essas são algumas dúvidas de pessoas que desejam entrar na área.

Sabendo que você tem interesse e não é da área de TI, vai ter que correr atrás e se dedicar mais ainda. Isso significa investir tempo. E como então aprender as habilidades para exercer a profissão de *Scrum Master*?

Seguem algumas dicas que facilitarão o seu processo de transição.

6.4.1. Faça uma retrospectiva pessoal

Avalie todos os conceitos envolvidos no *Scrum* e na agilidade para refletir sobre quais momentos você já se organizou de maneira ágil. Já priorizou e definiu um prazo para tarefas que deveriam ser executadas? Já fez retrospectivas das tarefas realizadas? Já auxiliou amigos ou colegas de trabalho a "destravar" algo? Anote, pense em como agiria hoje, avalie o que deu certo e o que poderia ter sido feito melhor. Esse é o início!

6.4.2. Pratique o *framework Scrum* mesmo não participando de algum projeto de tecnologia

As empresas que contratam *Scrum Masters* procuram o conhecimento em *Scrum*, mas não necessariamente a partir de projetos de tecnologia. Quando você estiver se candidatando ao seu primeiro papel de *Scrum Master*, poderá exemplificar a sua prática em outras áreas de sua vida em que tenha utilizado a estrutura e os princípios do *Scrum*.

Você pode fazer isso para vários projetos e tarefas, seja em sua carreira atual, seja em um *hobby* ou planejando eventos de sua vida pessoal. Por exemplo, você pode usar o *framework Scrum* para planejar uma grande reforma em casa.

6.4.3. Entenda o objetivo e o contexto do projeto

O *Scrum Master* precisa compreender o objetivo a ser alcançado e o contexto envolvido no projeto. Fazendo uma analogia, o *Scrum Master* é o comandante do navio que precisa conduzir e encontrar a melhor rota. Ele precisa entender do mar, mas não tudo sobre ele. Por exemplo, não precisa saber necessariamente o que está nas profundezas, mas deve entender o que está na superfície, como, por exemplo, a velocidade dos ventos.

Assim, para ingressar como *Scrum Master* de equipes de TI se faz necessário, quase sempre, entender alguns termos da TI, a dinâmica dos projetos, a divisão de tarefas na equipe e o seu funcionamento, para auxiliar e contribuir na resolução dos impedimentos, em reuniões de *status report* e em encontros com o time.

Para todo esse entendimento, são essenciais leituras, participações em eventos, comunidades, contatos com profissionais, palestras e *bootcamps*. Nos próximos capítulos detalharemos melhor como conseguir essa aproximação necessária.

6.4.4. Quais são os termos técnicos que o time fala?

Em relação à distância para o "mundo" de TI, procure pessoas dessa área para auxiliá-lo com alguns termos técnicos. Acompanhe notícias do mundo da tecnologia, participe de canais e ouça *podcasts* da área, para cada vez mais "estreitar" o vocabulário e entender as tendências desse mercado. Conhecer a linguagem do time (desenvolvedores,

UX, QA) e seus entregáveis é importante. Mas tenha calma no início. Esses termos, com dedicação e busca constante de aprendizado, serão assimilados no seu dia a dia.

O importante nesse período é questionar e principalmente curtir a jornada de aprendizado!

6.4.5. Simule, elabore e aprenda

Encontre um projeto interessante e vá em frente. Tenha uma ideia de um projeto na cabeça, algo não muito difícil, escolha um problema e tente ao máximo criar hipóteses de como você resolveria a dor do usuário.

Como esse trabalho seria dividido nos times? Como seria a composição do time? Como serão priorizados os itens em que o time deve trabalhar? Como você vai organizar o time e o trabalho para trazer pequenas entregas funcionais, agregando novas funcionalidades a cada nova entrega? E como criar um modelo de melhoria contínua, com retrospectivas que possam avaliar o que deu certo e o que deve ser melhorado nesse processo?

Pouco a pouco você começará a entender o dia a dia, mas não será fácil. No entanto, será incrível quando você tiver o claro entendimento da função e puder exercê-la no trabalho.

A tecnologia traz dentro de si a ideia de resolver os problemas e criar algo novo. Isso é viciante e fascinante.

O segredo é juntar experiências passadas com projetos futuros. Aprenda com os erros e não tenha medo de arriscar e errar novamente, se for para aprender.

Ao longo do livro você encontrará diversas dicas e sugestões de como buscar experiência, habilidades, ajuda, *networking*. Tenha em mente que, como já citado em relação ao MVP, a partir do momento em que cada um desses itens estiver minimamente com o seu valor atendido, você já estará apto a efetuar essa transição de carreira para *Scrum Master*!

PARTE II. PLANEJANDO A TRANSIÇÃO

7. Condição essencial para a transição de carreira

Vivian Seixas

Este capítulo explora condições emocionais essenciais para uma transição de carreira de sucesso. Estamos vivenciando algo nunca visto na história. As habilidades humanas (*soft skills*) tornaram-se o principal impulso para a remodelagem das organizações. Dessa vez não é o computador, não é o celular, não são os aplicativos, não é o carro, não é a internet e muito menos a inteligência artificial. Não se trata de nenhuma inovação tecnológica, mas do próprio ser humano e suas habilidades.

Na caminhada para o sucesso de uma transição de carreira, as *softs skills* possuem papel fundamental no processo de seleção realizado pelos recrutadores. Elas são vistas como um diferencial na atuação das novas carreiras. O mercado de trabalho é sempre muito exigente, e quando se é um profissional em transição de carreira a insegurança do novo sempre bate à porta.

No cenário atual, de incertezas sobre o futuro mundial e seus impactos no cotidiano pessoal e profissional, as organizações estão em busca de profissionais que possuam inteligência emocional elevada e sejam capazes de demonstrar autocontrole diante das mais diversas situações.

Um estudo realizado em 2021 pela The School of Life em parceria com Robert Half, referência em recrutamento especializado, de nome "Inteligência Emocional e Saúde Mental no Ambiente de Trabalho", mapeia diversos aspectos emocionais e impactos no trabalho, a partir de uma entrevista com 491 profissionais.

De acordo com o estudo, para 63,51% dos líderes e 64,10% dos liderados entrevistados, a ansiedade teve o maior impacto emocional. Isso causa preocupação, pois, segundo relata o mesmo estudo, esse sentimento é o maior causador dos **bloqueios mentais**.

A diretora e sócia-fundadora da *The School of Life*, Diana Gabanyi, diz que:

> *A pesquisa mostra que mais de 90% dos líderes e liderados já têm o hábito de refletir sobre atitudes, pensamentos, sentimentos e emoções de si próprio. Talvez essas pessoas só precisem do treino certo para colocar essa autoconsciência a favor das próprias carreiras e dos negócios. (THE SCHOOL OF LIFE; ROBERT HALF TALENT SOLUTIONS, 2021).*

É preciso traçar uma estratégia para alcançar o sucesso na transição de carreira para a agilidade que atenda a esses novos requisitos. E os dois principais pontos a serem explorados e tratados sob o ponto de vista das *soft skills* são: competências e habilidades.

No perfil de um profissional *Scrum Master* as competências e habilidades mais requisitadas estão relacionadas ao comportamento interpessoal. Ao apresentar seu currículo, atualmente o que causa impacto não são apenas suas experiências profissionais e acadêmicas, mas suas *softs skills*, que podem fazer a diferença na contratação.

Para Nilton Navarro, *brand manager* da InfoJobs, um profissional empático tem mais facilidade em se colocar no lugar de seus colegas e clientes e entender seus problemas, suas necessidades, seu trabalho ou suas preocupações pessoais. Isso, por sua vez, se traduz em uma maior capacidade de causar impacto no ambiente da equipe, proporcionando acolhimento e segurança (REDAÇÃO, 2022).

Sendo assim, podemos observar o grau de importância que as *softs skills* podem alcançar no sucesso ou fracasso do objetivo esperado.

O novo profissional deve ser flexível e empático, a fim de compreender as situações e os sentimentos individuais envolvidos. Assim, aquele que consegue se destacar com essa habilidade é muito requisitado, pois consegue administrar e solucionar conflitos e crises com mais facilidade.

O *Scrum Master* deve usar as habilidades de *soft skill* para ser um facilitador de processos. É, portanto, necessário identificar e saber como desenvolver essas habilidades. Dependendo do seu nível de autoconhecimento, esse processo pode ocorrer de forma natural ou ser repleto de obstáculos.

Em uma transição de carreira para *Scrum Master*, chegar ao mercado de trabalho tendo que atender a todas essas expectativas parece um pouco assustador. Saber reconhecer quem somos e como nos encaixamos nesse "novo" perfil nos traz conflitos internos sobre nosso preparo e nossa qualificação.

Assim, percebemos que precisamos realizar uma autoanálise para identificar nossos reais objetivos e os primeiros passos que devemos dar. Alguns questionamentos relevantes para uma autoavaliação podem ser observados a seguir:

- ✓ Como você se avalia?
- ✓ Consegue ter uma visão clara de quem você é?
- ✓ Como age no ambiente de trabalho ou em casa?
- ✓ Como está seu emocional?
- ✓ É nesse momento que deve iniciar seu processo de transição?

Muitas vezes durante essa caminhada descobrimos que o que nos faz feliz não é o que o mercado dita, ou o que todos dizem ser o melhor, ou aquela fórmula mágica do "guru" das profissões. Que o "estar feliz" com um objetivo alcançado pode não traduzir o "ser feliz" do profissional mais bem-sucedido.

O preparo, a qualificação e a aquisição das competências necessárias para ocupar determinado cargo ou função não traduzem a felicidade pessoal desejada. Seus valores e princípios também precisam estar alinhados com o cargo exercido ou desejado na transição, para que seja possível atingir níveis de desempenho e sucesso mais altos.

Uma busca pelo autoconhecimento pode ser reveladora. Realize uma abordagem com seus amigos, familiares e colegas de trabalho com perguntas sobre você. Faça uma análise comportamental. Autoconhecer-se é o primeiro passo para o desenvolvimento de suas habilidades. Observe seus pontos fortes e fracos, identificando quais deve colocar em evidência e quais precisam ser trabalhados, não só para ser um profissional melhor, mas também para ser uma pessoa melhor, pois isso reflete em vários aspectos da sua vida e do seu comportamento. Um roteiro na busca do autoconhecimento poderá ser visto mais detalhadamente no próximo capítulo.

Recentemente vem sendo explorada a expressão **agilidade emocional**. Criada pelas pesquisadoras Susan David e por Christina Congleton em um artigo de 2013 publicado na *Harvard Business Review*, depois foi desenvolvida no livro "Agilidade Emocional: abra sua mente, aceite as mudanças e prospere no trabalho e na vida" (DAVID, 2018). Nessa obra a pesquisadora Susan David declara que a chave para o sucesso é saber lidar com suas emoções e se desprender de velhas crenças e hábitos pouco saudáveis. Canalize suas forças de forma consciente para tratar emoções negativas, enfrentar situações difíceis com sabedoria, administrando-as para a melhor solução, consciente, e com foco em alternativas inovadoras para seu desenvolvimento pessoal e profissional.

Esse estudo destaca que o que somos reflete em nossas ações e o quanto elas impactam nos relacionamentos interpessoais. A forma de pensar, observar e agir pode fazer a diferença que a sua equipe precisa. Quando se tem um bom nível de autoconhecimento é possível utilizar seus pontos fortes a seu favor e das pessoas que o cercam, seja no ambiente de trabalho ou na vida pessoal. E assim levá-lo à tão sonhada realização profissional e pessoal.

Já para reconhecer seus erros e assumi-los é uma tarefa mais difícil, mas necessária, que influencia as pessoas à sua volta, seja como lição aprendida do que não se deve fazer ou como referência positiva. O equilíbrio de não deixar que erros influenciem negativamente deve ser uma meta constante. Essa reflexão lhe trará os estímulos necessários para sua evolução.

Nesse ponto, é interessante lembrar o objetivo da transição de *Scrum Master*, para aproveitar essas reflexões de acordo com o *framework* do *Scrum*. Deve ser lembrado que o *Scrum* busca sempre a melhoria contínua em seus processos, procurando, de maneira bem didática e com total sinceridade e transparência entre seus integrantes, efetuar as retrospectivas a cada *Sprint* para apontar falhas, erros e oportunidades de melhoria – não no sentido de buscar culpados, mas para trazer oportunidades de desenvolvimento e aprimoramento.

Da mesma forma, portanto, a autoanálise deve trazer os erros de maneira clara e tranquila, sem buscar desculpas ou justificativas, e sim a reflexão de como sair mais forte de cada exemplo retratado, como evitar suas repetições, ou qual o aprendizado trazido a partir das consequências geradas por esse fato. Devem ser observados, portanto, os ganhos desse processo se for aplicado um olhar de aprender com os erros, de experimentação, convertendo cada experiência "não tão bem-sucedida" em matéria-prima que enriquecerá toda a sua trajetória pessoal e profissional.

Outro ponto muito importante nessa reflexão é a omissão ou mesmo a procrastinação, ou seja, quando deixamos de encarar os problemas na busca do "momento perfeito" ou simplesmente pelo medo de agir. Aqui, novamente podemos recorrer ao *framework Scrum* e planejar as ações de modo escalonado, etapa por etapa (*sprint* por *sprint*), com objetivos curtos e alcançáveis, para criar a coragem e a confiança necessárias para cada pequeno passo, suficiente para alcançar a meta desejada.

Em resumo, a partir de um processo de autoconhecimento será possível identificar suas *soft skills*, seus pontos fortes e fracos, que permitirão traçar um plano de ação de acordo com o perfil profissional da carreira que se deseja trilhar. O autoconhecimento fará você descobrir seu verdadeiro potencial e assim trabalhar melhor as competências e habilidades que precisam de atenção. Com seus processos de pensamentos mais organizados e flexíveis, fica mais fácil levar uma vida mais significativa, mantendo um desafio de crescimento vivo e saudável.

8. Autoconhecimento

Aline Albuquerque Fonseca
Isabela Gayno

Boas empresas que desejam uma cultura de inovação e ser sustentáveis trabalham duro na autoconsciência de suas lideranças. Dessa forma, na busca de um processo de transformação, é importante a liderança pensar no desenvolvimento do *mindset* cultural.

As empresas se beneficiam de líderes autoconscientes e eficazes. À medida que as pessoas trabalham a autoconsciência, elas percebem as coisas que estão acontecendo ao seu redor e são capazes de intervir e assumir um papel de liderança. O *mindset Lean* e ágil pode permitir essa habilidade.

Muito da mentalidade por trás do ágil, e das técnicas associadas, tem a ver com a adaptação – à mudança, ao fracasso, às deficiências. A própria palavra "agilidade" implica a capacidade de navegar em torno de problemas e encontrar um caminho... ou criar ou recomeçar. A reflexão praticada na retrospectiva em si é sobre inspecionar e adaptar – e acreditamos que devemos fazer pequenas versões de melhoria em todas as oportunidades: estudos, marcos, conquistas. Mesmo a menor pergunta – "isso foi útil? Como eu poderia ter feito melhor?" – demonstra um espírito de verdadeira adaptabilidade e humildade. Melhoria é o objetivo.

Convidamos você, caro leitor, a embarcar conosco nesta jornada na busca do autoconhecimento.

Para ajudá-lo a se envolver nesse processo, selecionamos uma lista de perguntas a serem feitas para se conhecer melhor. Não há respostas certas ou erradas, portanto, não desanime se tiver dificuldade em respondê-las no início. Estamos aqui para ajudar você no processo de descoberta de suas habilidades para nortear a sua transição de carreira para *Scrum Master.*

8.1. Perguntas profundas de autoexploração de si mesmo

1. Do que tenho mais orgulho?
2. Quais são meus pontos fortes?
3. Quais são minhas fraquezas?
4. O que eu valorizo mais?
5. De onde vêm meus valores?
6. Quem/o que é mais importante para mim? Por quê?
7. Qual é o meu propósito/a que propósito eu sirvo?
8. Existem aspectos do meu comportamento que eu poderia melhorar?
9. Como defino o sucesso? Por que o sucesso é importante para mim?
10. Como lidar com sentimentos negativos? Esses mecanismos de enfrentamento são saudáveis?
11. De onde vem meu conceito de autoestima?
12. Do que eu tenho vergonha? Por quê?
13. Estou tentando superar experiências dolorosas? Ou evitando?
14. O que eu mais preciso na minha vida agora?
15. Qual livro mais influenciou minha vida? Por quê?
16. Como um amigo me descreveria na fila do pão? Um conhecido? Um inimigo?
17. Estou seduzido pelo poder? Se sim, de onde se origina esse desejo?
18. Existem tópicos de conversação ou pessoais que eu costumo evitar?
19. Se eu pudesse conseguir uma coisa nesta vida, o que seria?
20. A quais mudanças sou mais resistente?
21. Minhas escolhas são motivadas por amor ou medo?

8.2. Perguntas sobre como você lida com o seu dia a dia

1. Quanta confiança eu preciso para falar? As pessoas confiam em mim?
2. Estou confortável em "ser eu mesmo"?
3. Como posso melhorar minha comunicação com meus amigos, pares de trabalho e minha liderança?
4. Meu time de trabalho está crescendo junto ou separado?
5. Com quem no time do trabalho me sinto mais conectado? Por quê?
6. Estou satisfeito e feliz?
7. Sinto meu trabalho agregando valor à empresa e à minha vida?
8. A vulnerabilidade é difícil para mim? O que está me impedindo de ser vulnerável? Como posso compartilhar mais de mim mesmo?
9. Por que ainda estou nesta empresa?

10. A quem na minha vida sou mais grata?
11. Do que eu tenho mais orgulho?
12. Quais são meus objetivos profissionais?
13. Que tipo de trabalho me traz entusiasmo e paixão?
14. Eu ou outros valorizamos a produtividade sobre outros aspectos da minha vida?
15. Quão equilibrada é a minha vida entre casa e trabalho?
16. O que eu faço bem?
17. Qual é o melhor uso dos meus talentos?
18. Prefiro que meu trabalho me desafie? Quais são algumas maneiras pelas quais sou desafiado pelo meu trabalho?
19. Trabalho com mais frequência do que me deixa feliz? Quanto tempo livre cumpriria?
20. Quem na minha área me inspira? O que eu gostaria de imitar?
21. Valorizo a autoridade dos outros sobre o meu bem-estar e privacidade pessoais?

8.3. Como usar essas perguntas de autodescoberta

A autodescoberta não é orientada para o destino. É o início para que você possa descobrir os passos necessários para sua jornada de crescimento e aprendizado.

Conheça a si mesmo e se desenvolva! Preste atenção nas habilidades necessárias para uma carreira como *Scrum Master*, *Agile Coach* ou qualquer outro papel de liderança.

Você pode descobrir que suas respostas a essas perguntas mudam com o tempo, influenciadas por um ciclo de amizades, aprendizado contínuo e passos ativos em direção ao crescimento.

Aqui estão algumas ideias sobre como você pode usar essas perguntas na dinâmica do seu dia a dia.

1. Escreva suas respostas em um caderno e volte a elas a cada poucos meses ou anos. Suas respostas ainda são as mesmas? Como elas mudaram?
2. Escolha uma pergunta por dia e dedique alguns minutos à autorreflexão. Você começará a cada dia se sentindo mais conectado a si mesmo.
3. Discuta suas respostas em um grupo ou comunidade para levar a conversa a um nível mais profundo.
4. Mantenha conversas significativas com amigos ou familiares, perguntando a opinião deles sobre essas perguntas ou suas respostas a elas. Conheça-os melhor através de suas próprias experiências e opiniões.

É importante considerar que mudanças podem parecer difíceis, mas geralmente trazem as melhores recompensas. E nós desejamos, através deste capítulo, que o seu autoconhecimento acelere e beneficie a sua caminhada nesta jornada com autoconfiança, habilidade de comunicação, inteligência emocional e coragem para realizar.

Venha conosco e comece por dentro.

9. Decisão + Ação

Carolini Quintas
Hilo Costa

Nesse momento de transição, é de extrema importância definir as nossas prioridades para conseguirmos começar a idealizar e planejar os nossos próximos passos. Porém, é bem importante lembrar que, para podermos tomar nosso plano de ação, precisamos renunciar a muita coisa, pois, querendo ou não, é sobre investir em você mesmo e ter foco no objetivo. Sabendo disso, devemos ter noção de que imprevistos acontecem e precisamos saber lidar com eles, ou seja, sempre nos inspecionando e sempre fazendo um replanejamento, pois nunca contamos com a questão de ficarmos doentes, ou de precisarmos ir a uma festa importante de algum familiar, então cabe a nós observarmos a presença dos imprevistos e sabermos nos adaptar à situação.

Tendo como base o que foi dito, como decidir nossas prioridades e aquilo que queremos atingir dentro de nossas vidas? Depois que passamos por altos e baixos, em alguns momentos precisamos fazer escolhas, escolhas estas que podem ser boas ou ruins e vão decidir nossa vida. Elas podem mudar nosso dia a dia e nossa forma de pensar e agir em relação ao nosso futuro: "devo investir tempo e dinheiro em algo que pode ou não dar certo? Será que eu consigo? E se der errado?".

A todas essas perguntas, dúvidas e medos, somente uma pessoa consegue responder: apenas você pode decidir acordar cedo e trabalhar sua mente. Afinal, quem além de nós mesmos para investirmos no nosso futuro?

Estamos escolhendo o tempo inteiro, desde: "hoje devo usar camisa preta ou branca? Devo estudar ou me preocupar com isso amanhã?" E quando deparamos com uma encruzilhada, quem pode nos dizer qual é o melhor caminho a seguir?

Na maioria das vezes nós achamos que são as grandes escolhas que decidem nossa vida, porém estamos enganados. É claro que as grandes escolhas resultam em grandes efeitos, porém são as pequenas escolhas do dia a dia que definem nosso futuro. Se fizermos uma analogia com uma gestão de projetos tradicional, entregas e escolhas grandes muitas vezes podem resultar em um grande fracasso devido aos altos riscos envolvidos durante todo o período do projeto. Afinal, não há espaço para um *feedback* contínuo nem para respostas às mudanças do mercado.

Já quando se adota um processo ágil, com pequenos passos e objetivos sendo revisados constantemente, é possível sempre ouvir e se adaptar às mudanças necessárias, entender o que é preciso para chegar ao objetivo final e agregar pequenas entregas que, em conjunto, trarão muito mais valor do que aguardar uma única entrega complexa.

Nossas escolhas funcionam da mesma maneira: o conjunto de pequenas escolhas nos traz mais valor do que as grandes escolhas, além de envolver um risco menor e trazer a capacidade de contornar os obstáculos que surgirão.

Assim, em uma transição de carreira, sabemos aonde queremos ir e o que precisamos fazer para chegar até lá. O que é necessário, portanto, é saber escolher os pequenos passos e priorizar sem medo de errar.

Devemos ter atenção e disciplina na nossa rotina para viabilizar as ações em cima da nossa decisão. A primeira coisa que devemos ter é um objetivo claro, ou seja, aonde queremos chegar. Especifique esse objetivo em uma linha do tempo, separando os pequenos passos em metas periódicas e o plano de ação para atingir cada objetivo, como no exemplo a seguir:

Tabela 9.1. Plano de ação.
Fonte: os autores.

Plano de ação			
Meta	**Conteúdo**	**Ação**	**Período**
Scrum Master	*Scrum* Básico	Fazer cursos de referência	Janeiro
Scrum Master	*Scrum* Básico	Estudar *Scrum Guide*	Janeiro
Scrum Master	*Scrum* Básico	Fazer certificação PSM1	Janeiro
Scrum Master	*Kanban* Básico	Fazer cursos de referência	Fevereiro

Neste exemplo, o objetivo principal mapeado é o trabalho bem-sucedido como *Scrum Master*. Cada meta com um prazo determinado (por exemplo, mensal) que o fará chegar lá, e a ação é "como" e/ou "o que" fazer para atingir essa meta. Definir uma data para atingir cada meta e o objetivo principal o ajudará a ter foco.

A partir de cada meta, trace uma estratégia de estudos semanal. Comece com 30 minutos por dia, depois aumente gradativamente o tempo e sempre analise o que precisa ler, estudar ou fazer, sempre disposto a revalidar e trabalhar em um ciclo de *feedback* constante de você com você mesmo. Coloque na ponta do lápis o que você precisa estudar por conta própria, cursos necessários, certificações disponíveis e gastos envolvidos. Uma vez consolidada essa disciplina, os avanços serão nítidos e trarão mais estímulos para o próximo passo, gerando um círculo virtuoso que o auxiliará no crescimento profissional em um mercado de trabalho que está em constante mudança.

Moura (2021a) mostra que é possível aprender o *Scrum* a partir de planejamentos utilizando o próprio *Scrum*. Você pode se transformar em um *Scrum Master* durante o próprio processo de transição para *Scrum Master*.

Assim, crie seu *backlog* em caixas de aprendizado como se fossem "demandas", porém, em vez de o time *Scrum* trabalhar nela, você mesmo fará um "autodesenvolvimento" das tarefas. Cada demanda será um novo aprendizado, e cabe a você *Scrum Master* planejar as priorizações e repassar as tarefas ao time (a si mesmo), avaliando a quantidade de tarefas possíveis em cada *sprint*. Crie demandas de diversos tipos, como *networking*, estudos, leituras, presenças em eventos, desenvolvimentos pessoais etc. e avalie seus custos, suas complexidades e os prazos viáveis de execução. Para cada demanda complexa e demorada, faça quebras que caibam em tarefas menores para evitar "boicotes" e "desânimos", ou seja, o sentimento de que a tarefa é tão difícil que pode ser sempre "deixada para depois".

Por fim, depois do *backlog* organizado, faça sua primeira *Sprint Planning* avaliando os seguintes pontos: o que é mais prioritário, quais tarefas possuem dependências e quais dependem de fatores ainda não disponíveis (dinheiro, prazo, pessoas). A partir dessas variáveis, defina o que pode ser feito no prazo definido para a *Sprint*, estabeleça o objetivo da *Sprint* e mãos à obra!

Depois disso, todo dia faça uma reflexão de 15 minutos para avaliar o andamento das atividades planejadas a partir de três perguntas:

✓ O que eu fiz ontem?

- ✓ O que eu vou fazer hoje?
- ✓ Tenho algum impedimento?

Com essas três questões, será possível verificar se há algum impedimento, se houve algum imprevisto, alguma mudança de rota, e a partir daí qual será a melhor forma de resolver.

O próximo passo, ao final da *sprint*, será executar a *Sprint Review*, onde serão avaliadas as tarefas finalizadas. Verifique se elas efetivamente atingiram o resultado esperado.

Feito isso, elabore a retrospectiva da *Sprint* pensando em um processo de aprendizado e melhoria contínua, gerando insumos que auxiliarão nas próximas *Sprints* que virão pela frente. Assim, responda às seguintes perguntas:

- ✓ O que eu fiz bem?
- ✓ O que não saiu tão bem e posso melhorar?
- ✓ O que aprendi na *Sprint*?
- ✓ O que farei diferente?

Com a prática desse planejamento, será possível dar vivência ao ágil e ao dia a dia do *Scrum Master*, trazendo segurança e aprendizados que serão muito úteis nas entrevistas e experiências que virão pela frente.

Vale ressaltar, no entanto, que esse processo de transição não é uma receita de bolo que resulta em um produto final já "provado e comprovado". Tudo vai depender de quanto tempo será investido, quanto dinheiro é possível investir e em que momento já é possível dar o próximo passo, seja ele uma certificação, uma candidatura a uma vaga, uma solicitação de indicação a um amigo...

Mas é importante também citar que, além de todos os passos de capacitação, deve-se conciliar as atividades da vida pessoal e profissional com esses objetivos. Ou seja, muitas vezes será necessário incluir nas *sprints* um tempo para lazer, atividades de bem-estar, cuidado com a saúde e mesmo viagens em férias ou finais de semana. Ou seja, quando sentir que é necessário, inclua atividades que permitam um tempo para você, pois respirar e sentir o seu propósito também é prazeroso e importante. E mesmo assim é possível juntar esses momentos com o aprendizado do *Scrum*: para planejar uma viagem, crie um *backlog* com os lugares que deseja conhecer, pontue a dificuldade de viabilizar cada local utilizando o *Planning Poker*, faça uma *Sprint Planning* a partir dos locais a serem visitados e organize a ordem das atividades a partir das variáveis e dependências entre os locais. No final da viagem, exercite o processo de melhoria contínua, fazendo uma retrospectiva com as pessoas que participaram da viagem e utilizando os *feedbacks* para a próxima viagem. Veja que sempre é possível aprender, aprimorar e exercitar nossa mente mesmo nos momentos de lazer!

Enfim, caro leitor (e caro *Scrum Master*, a partir de agora), o momento da ação é esse. Já atue como um *Scrum Master* antes mesmo de participar do processo de transição. "Aja como se" e faça o universo conspirar a seu favor. Entenda que toda essa vivência já começará a fazer parte de sua carreira profissional.

PARTE III.
INICIANDO A TRANSIÇÃO

10. Como dar o pontapé inicial

Amália Oliveira
Leonardo Cruz
Samantha Moreira
Wagner Peres

10.1. As dificuldades na transição de carreira

É muito comum surgirem dúvidas quando estamos a ponto de fazer qualquer tipo de transição nas nossas vidas: o que devo fazer primeiro? Por onde devo começar? Quais serão meus principais desafios nessa etapa? O que o mercado espera de alguém qualificado? Como superar meu medo e dar o pontapé inicial?

Fizemos uma pesquisa com 30 *Scrum Masters*, sendo que 50% dos entrevistados tinham menos de um ano de experiência, 10% tinham de um a três anos de experiência e os outros 40% tinham três anos ou mais de experiência. Foi perguntado: "o que foi mais difícil para você começar a transição de carreira para se tornar um *Scrum Master*?".

Observe o resultado na Figura 10.1.

Figura 10.1. Gráfico da pesquisa realizada sobre o que foi mais difícil para começar a carreira de *Scrum Master*. Fonte: os autores.

As respostas mais votadas:

- ✓ 60% dos entrevistados tiveram dificuldade em conseguir a primeira oportunidade.
- ✓ 23,3% dos entrevistados afirmaram que precisavam ter alguém que os orientasse para onde ir.

10.2. Dicas para superar as dificuldades iniciais e conquistar sua oportunidade

Conseguir a primeira oportunidade, geralmente, não é fácil ou natural. É trabalhoso e demanda tempo, dedicação e treino. A primeira dica para conquistar uma oportunidade é investir tempo em adequar seu currículo aos termos de agilidade nas plataformas profissionais ou de busca de emprego. Por exemplo, um dos entrevistados citou que a "maior dificuldade inicial foi fazer a tradução do currículo para passar na triagem das plataformas de seleção". Ele já tinha tido experiência com liderança/supervisão de equipes no passado, já atuava com respeito pelas pessoas, ouvia suas ideias, fazia 1:1[2], já efetuava algumas práticas de controles de fluxo, porém, por falta de conhecimento na área, não estava familiarizado com os termos próprios dos agilistas. Fazer essa tradução era crucial para "dar *match*" com as vagas.

Certamente é importante destacar os cursos que estiver fazendo na área, mas também não se esqueça de incluir *workshops* e encontros presenciais de que estiver participando.

Nos capítulos 11 e 12 vamos dar mais dicas de como aproveitar seus conhecimentos atuais, independentemente da sua área de atuação, além de como adquirir novos conhecimentos orientados para agilidade e liderança e aplicá-los no seu dia a dia para somar experiência na área e aumentar suas chances de conseguir uma vaga.

Comentando a segunda dificuldade apontada pela pesquisa, realmente é recomendável encontrar um "mentor". Como Jesus e os seus discípulos, Yoda e Luke Skywalker, Sr.

---

[2] 1:1 ("one on one") é uma reunião onde apenas duas pessoas participam, com o objetivo de trocar *feedbacks*, discutir metas pessoais e atender a qualquer preocupação ou questão que as partes possam ter. É uma abordagem individualizada para gerenciamento de equipe que pode ajudar a aumentar a motivação, o comprometimento e a satisfação no trabalho. As reuniões 1:1 geralmente ocorrem com frequência regular, como uma vez por mês, e podem ser realizadas presencialmente ou por videoconferência.

Miyagi e o Daniel San, sempre há alguém disposto a ajudar os demais a encontrar seu caminho. O próprio propósito deste livro é ajudá-lo a criar um caminho para você trilhar, ou seja, os autores já se propõem a ser mentores de quem está nesse processo de transição. Estão compartilhando seus conhecimentos e suas experiências para engajar e motivar novos integrantes desse movimento colaborativo. Lembrando que quem é mentor hoje naturalmente já teve um discípulo, *padawan*, aluno.

Caso tenha dificuldades de encontrar essa pessoa no seu entorno habitual, explore opções nas comunidades ágeis. Aliás, mostrar engajamento nas comunidades e praticar um pouco de *networking* tem especial importância nessa fase. O Capítulo 13 abordará com mais detalhes o tema comunidades e mais adiante, neste mesmo capítulo, abordaremos um pouco o tema *networking*.

Além das comunidades, procure eventos e cursos *on-line* ou presenciais, gratuitos ou pagos. Por exemplo, a Jornada Colaborativa realiza o Summit da Jornada Colaborativa, que traz conteúdo para todos os níveis de conhecimento e experiência profissional, além de possibilitar um bom *networking*. Nos aplicativos de mensagens, como WhatsApp e Telegram, existem diversos grupos de práticas e experiências que nos ajudam no aprendizado e trazem dicas para quem deseja se engajar.

O mundo da agilidade possui uma literatura vasta e riquíssima. Quem quiser se aprofundar encontrará muito conteúdo disponível, *on-line* e *offline*, de diversos autores e metodologias. A seguir, uma lista de livros e sites que seguramente o ajudarão nesse período de transição.

Livros:

- ✓ "A *Startup* Enxuta" (RIES, 2012)
- ✓ "*Scrum*: a arte de fazer o dobro do trabalho na metade do tempo" (SUTHERLAND, 2019)
- ✓ "Scrum Guide" (SCHWABER; SUTHERLAND, 2020)
- ✓ "*Scrum* Essencial: um guia prático para o mais popular processo ágil" (RUBIN, 2017)
- ✓ "*Scrum* Sem Medo: como entender e implementar o *Scrum* utilizando o próprio *framework Scrum*" (MOURA, 2021a)
- ✓ "*Sprint*: o método usado no Google para testar e aplicar novas ideias em apenas cinco dias" (KNAPP; ZERATSKY; KOWITZ, 2016)
- ✓ "Treinamento de Equipes Ágeis" (ADKINS, 2020)
- ✓ "Comece pelo porquê" (SINEK, 2018)

✓ Livros da Jornada Colaborativa:
    ▪ "Jornada Ágil de Liderança" (MUNIZ *et al.*, 2020a)
    ▪ "Jornada Kanban na prática" (MUNIZ *et al.*, 2021a)
    ▪ "Jornada OKR na prática" (MUNIZ *et al.*, 2021b)

Sites:

✓ <https://www.scrum.org/>
✓ <https://hiflexconsultoria.com.br/>
✓ <https://ligaagil.com.br/>
✓ <https://www.clubedaagilidade.com.br/>
✓ <https://www.instagram.com/agileboxbr/>
✓ <https://www.jornadacolaborativa.com.br/>

Podcasts:

✓ JornadaCast
✓ Conversa Ágil
✓ Pipoca Ágil
✓ ProjetosCast
✓ The Agile Force

10.3. A importância de um bom *networking*

Como falamos anteriormente, é interessante que seja desenvolvido um bom *networking*, isto é, um relacionamento com outras pessoas da área, pois, através desse *networking* sempre surgirão oportunidades e alguma indicação. O LinkedIn estabelece quatro métricas relacionadas à sua marca pessoal que formam o *Social Selling Index*[3] (Índice de Vendas Sociais) que são baseadas em:

✓ Estabelecer sua marca profissional
✓ Localizar as pessoas certas
✓ Interagir oferecendo *insights*
✓ Criar relacionamentos

Participar de *meetups*, se posicionar nas redes sociais, fazer publicações de artigos e criar relacionamentos com pessoas do meio podem ajudá-lo a se colocar no mercado e a ganhar destaque, aumentando suas chances de conseguir uma entrevista e quem sabe sua primeira oportunidade.

Na Parte IV do livro trataremos mais profundamente sobre esses temas.

---

3 <https://www.linkedin.com/sales/ssi>.

10.4. O que o mercado espera de alguém que está começando como *Scrum Master*?

Quando o mercado pensa em um profissional para exercer o papel de *Scrum Master*, procura alguém que tenha competências ou *soft skills* que habilitem trabalhar tanto com a organização quanto com as pessoas que estão dentro do time ou envolvidas em outras áreas. A Fundação Vanzolini (2021) destaca seis competências que esses profissionais necessitam desenvolver:

- ✓ Solução de problemas complexos
- ✓ Organização
- ✓ Empatia
- ✓ Excelente comunicação e escuta ativa
- ✓ Otimismo e liderança servidora
- ✓ Flexibilidade e adaptabilidade

Portanto, para esse pontapé inicial, é bom relembrar os temas de autoavaliação sugeridos nos capítulos iniciais e confrontar com as competências aqui expostas, solicitadas pelo mercado de trabalho para os *Scrum Masters*.

É importante exercitar uma evolução nessas principais competências, avaliando em seu dia a dia como medi-las, encontrar as deficiências e trabalhar para melhorá-las. Peça ajuda a amigos e familiares, busque situações que possam colocá-lo à prova e sempre anote os pontos fortes e fracos observados.

Lembre-se: esse tipo de exercício, além de aproximá-lo cada vez mais do perfil solicitado para as vagas, lhe trará segurança para enfrentar os desafios e o auxiliará a deixar a concorrência para trás – inclusive pessoas com mais experiência teórica e prática, mas que não passam segurança aos recrutadores nos aspectos comportamentais.

10.5. Transformando o medo em confiança e experiência

Tendo mapeado a dificuldade que os *Scrum Masters* passam em transição de carreira, e tendo feito uma autoanálise para evolução das características comportamentais, é hora de perder o medo e começar a transformar essas etapas em evolução e experiência.

Lembrando que a agilidade traz de maneira muito forte o conceito de experimentação, ou seja, praticar novas ideias em um contexto bem definido, sabendo que o erro faz parte do processo para avaliar as experiências e trazer novos aprendizados. O pontapé inicial é justamente canalizar o medo do desconhecido em uma busca por experiências que trarão confiança para os próximos desafios.

Portanto, é hora de avaliar os riscos envolvidos em cada passo e "se jogar" em cada aventura. Em vez de apenas pedir ajuda, ofereça uma troca de experiências. Procure contatos no LinkedIn, não tenha receio de enviar mensagens se oferecendo para ajudar em trabalhos colaborativos, revisões de trabalhos, avaliar apresentações, dar *feedbacks* em atividades... essa troca de experiência é sempre mais produtiva do que apenas um pedido de ajuda!

Lembre-se de que problemas e frustrações farão parte desse processo. E-mails e mensagens ignoradas, contribuições sem contrapartida e trabalhos mal avaliados com certeza ocorrerão. Mas serão o combustível para um futuro trabalho similar feito com sucesso, se forem feitos embasados nos aprendizados da experiência anterior.

Da mesma maneira, estudos e ações do dia a dia podem (e devem!) envolver conceitos de agilidade, experimentação e melhoria contínua, trazendo já para o momento presente a aquisição de conhecimento que poderá ser explorada nas entrevistas e no seu futuro profissional nessa nova jornada.

No próximo capítulo serão abordadas várias práticas do dia a dia para o seu desenvolvimento.

11. Como praticar no meu dia a dia

Amália Oliveira
Leonardo Cruz
Samantha Moreira
Wagner Peres

Conforme abordado no capítulo anterior, a tão sonhada oportunidade pode demorar um pouco mais do que gostaríamos. Existe um dilema comum quando se inicia essa busca: "preciso de experiência para ter uma oportunidade, mas preciso de uma oportunidade para ter experiência". Este é o difícil paradoxo que muitas pessoas encontram ao iniciar uma carreira ou realizar uma transição. Então nossa primeira sugestão é aproveitar esse tempo de espera para colocar ativamente a mão na massa e aproveitar toda oportunidade para praticar o conhecimento que está sendo acumulado durante esse processo.

Como vimos no Capítulo 9, foi possível elaborar um plano de estudos utilizando os conceitos do *Scrum*, para já estar habituado com o "ritmo" das cerimônias e responsabilidades. Neste capítulo vamos passar mais dicas para você se aprofundar nas habilidades e práticas de um *Scrum Master*. Utilize o momento de transição de carreira como um período importante para aquisição de *hard* e *soft skills* e para a vivência da agilidade em sua rotina, tanto pensando na sua ocupação atual (seja como funcionário, prestador de serviços ou microempresário) quanto na sua vida pessoal.

11.1. Desenvolva seus *soft skills*!

É possível que você acredite que tudo precisa mudar completamente para entrar na agilidade. Mas não é bem assim. Agilidade é um processo que se inicia com uma mudança de *mindset*. É muito mais uma transformação de dentro para fora. Todos nós somos protagonistas quando falamos de transformação ágil. Por isso, somos capazes de aplicá-la em diversos contextos. Isso se deve ao fato de que o ser ágil não está atrelado a um modelo organizacional ou um cargo – ser ágil está relacionado a uma maneira de se organizar, pensar e agir.

Dicas (de ouro) para colocar em prática e aperfeiçoar suas *soft skills*:

- ✓ **Pratique a escuta ativa:** entenda e escute para, aí sim, falar fazendo as perguntas corretas.
- ✓ **Tenha empatia:** não ache que aquele seu colega não quer fazer determinado trabalho por falta de vontade; vá falar com ele e entenda suas dores e motivações.
- ✓ **Alinhe com seu cliente:** precisamos ter o cliente sempre por perto, seja ele externo (cliente final) ou interno (outro departamento ou time).
- ✓ **Engaje seu time:** mesmo não sendo um líder pelo "crachá", você pode ser o protagonista do seu time, buscando o engajamento de todos e aplicando ferramentas e cerimônias ágeis (ex.: *daily*).
- ✓ **Priorize as atividades:** crie junto com o seu time uma lista de atividades que devem realizar na semana (ou em outro período de tempo determinado por vocês).
- ✓ **Seja transparente na gestão:** aplique ferramentas como o *Kanban* para gerenciar essa lista de atividades e deixar todos cientes da quantidade de trabalho e do esforço a ser realizado.

11.2. Desenvolva seus *hard skills*!

Houve um tempo em que se pensava que a gestão ágil se aplicava somente à área de tecnologia, mas hoje é de conhecimento geral que agilidade pode ser aplicada em qualquer lugar. Qualquer lugar mesmo: até na sua casa!

E por onde começar? Primeiro de tudo, estude!

É necessário entender que o conceito ágil vai além de utilizar o *framework* X ou Y e também não está somente relacionado com rapidez de entrega: envolve cultura, comunicação, eficiência, eliminação de desperdícios, entrega de valor e muito mais.

Ou seja, não basta simplesmente trabalhar em *squads* para ser ágil. Participe de comunidades, interaja nas discussões, faça conexões, isso vai ajudá-lo bastante nesse sentido. É muito importante também conhecer as metodologias ágeis e saber como utilizá-las.

Os métodos ágeis são como uma caixa de ferramentas onde o profissional vai escolher a melhor para cada tipo de conserto. Não existe ferramenta certa ou errada, existe a mais adequada para determinado trabalho; portanto é importante estar com os estudos em dia para tomar a decisão mais acertada.

11.3. Aplique gestão ágil no seu emprego atual!

Você trabalha em uma empresa que não passou ainda por essa transformação e permanece no método tradicional? No seu setor de trabalho, você pode introduzir algum *framework,* ou pelo menos uma parte dele, com seu time. *Kanban*, *Scrum*, *Lean*, não existe um que seja o ideal – o importante é você conhecer o time, o produto e analisar a sua realidade.

Qual seria o mais interessante? Com qual deles as pessoas do meu time mais se identificam? Qual realmente as engaja?

Analise os problemas existentes em seu trabalho e, baseando-se em seus estudos, entenda como a gestão ágil poderia ajudá-lo. Comece propondo pequenas melhorias – uma evolução do modelo já executado sempre é bem mais aceito do que uma "revolução".

Mudanças ágeis em cenários tradicionais nem sempre são fáceis, então inicie por um pequeno processo e colete *feedback* constante dos envolvidos. Com isso, aos poucos, você ganhará notoriedade pela forma como organiza seu trabalho e dos demais colegas.

O *mindset* ágil deve ser uma premissa! A mudança deve começar pelo seu modo de pensar e enxergar rotinas básicas do trabalho. Uma boa dica é se perguntar: "existe uma maneira mais eficiente de fazer o que estamos fazendo?" e "sabemos por que estamos fazendo isso?". Organize seus eventos, crie reuniões regulares de alinhamento e revise o trabalho realizado durante determinados períodos. Reflita junto com a equipe sobre como melhorar na entrega e na performance do time. Sempre saia com um plano de ação para o próximo ciclo.

Agora que já aplicamos a agilidade no nosso dia a dia, vamos disseminar essas práticas por toda a empresa? Inicie dando treinamentos práticos, contando seus *cases* de sucesso ao aplicar melhorias e mostrando os resultados. Depois fale de teoria: *Scrum*, *Kanban*, *Lean*, *frameworks* e metodologias com os quais você tem experiência (mesmo que pouca).

Valorize sua experiência no dia a dia. Lembre-se: mesmo não tendo o cargo ou a função de *Scrum Master*, você pode e deve aplicar as ferramentas ágeis. Além disso, ser o guardião das boas práticas e difundir o conhecimento certamente fará com que você se destaque, e isso ainda pode render uma oportunidade dentro da empresa onde você já trabalha.

11.4. Utilize a gestão ágil no empreendedorismo!

Outra possibilidade de utilizar a partir de agora o *Scrum* e outros métodos ágeis é no empreendedorismo. É possível utilizar o conhecimento e o exemplo de *startups* e gigantes de tecnologia para se destacar no mercado, mesmo sendo um microempreendedor ou atuando em micro ou pequena empresa. No livro "Empreendedor Rumo ao Topo", Moura (2021b) mostra que é possível trazer inovação e agilidade aos pequenos negócios abordando os principais métodos, processos e ferramentas utilizados por empresas de tecnologia.

Aproveite suas ideias para criar um produto e explorar o mercado ou aplique novas técnicas de gestão ou acompanhamento em empresas onde você trabalha, para as quais presta serviço ou que conhece (de algum amigo ou familiar). Auxilie no desafio de motivar as pessoas, engajar fornecedores, encantar os clientes, experimentar e inovar.

Coloque sempre os conhecimentos em prática e tenha em mente que a prática é sempre o melhor aprendizado. A coleta de resultados será sempre o motor para avaliar erros e acertos para o próximo passo a ser executado.

11.5. Faça a gestão da sua vida!

Como já citado anteriormente, a gestão ágil pode ser aplicada em seus estudos, viagens e planejamentos pessoais. Segue um resumo de como praticar e aproveitar os benefícios das práticas ágeis para organizar a vida:

- ✓ **Faça um *backlog* de tudo que precisa ser feito** – Provavelmente você tem algum projeto a ser retirado do papel. Pode ser uma promessa de início do ano, algo que você queira fazer há algum tempo ou até coisas que façam parte da sua rotina e possam ser aplicadas no dia a dia. Pode também ser um projeto maior, como, por exemplo, um casamento, a construção de uma casa ou uma formação. Não importa o tamanho do seu projeto, aqui ele pode ser desenvolvido. Liste todas as tarefas envolvidas.
- ✓ **Priorize** – Por mais que a gente queira, não dá para fazer tudo ao mesmo tempo. Essa é uma importante etapa para fazer seu projeto realmente andar. Priorize o que vai ser realizado durante o próximo ciclo. Selecione as tarefas que possuem maior dificuldade ou que podem trazer mais resultados.
- ✓ **Tenha sua *daily*** – *Daily Scrum* é uma reunião rápida que tem como intuito inspecionar o andamento do projeto, avaliar o que já foi realizado, identificar

impedimentos e o trabalho que se pretende realizar durante aquele dia. "Mas vou fazer a reunião sozinho?" Sim! Parece engraçado fazer uma reunião consigo mesmo, mas você verá que faz toda a diferença separar um tempo para avaliar o andamento do que está sendo feito.

- ✓ **Retrospectiva? Não pode ser só a de fim de ano** – Determine um período para inspecionar como está indo seu trabalho – pode ser quinzenalmente ou mensalmente. Analisando o último período de trabalho, pense em tudo que foi legal, todos os pontos positivos. É importante mantê-los para o sucesso de seu projeto e é ótimo para motivá-lo. Posteriormente, avalie tudo que não está indo tão bem e precisa evoluir e por último defina um plano de ação para melhorar.
- ✓ **Organize suas tarefas de maneira visual** – A gestão visual das tarefas é uma técnica simples e barata que o ajuda a se organizar sobre o andamento das tarefas, evidencia problemas de gargalo em etapas, torna mais fácil o processo de priorizar as tarefas e permite reunir informações para tomar decisões de maneira rápida. O quadro *Kanban* é um dos métodos mais conhecidos e simples. Cada coluna representa uma etapa do fluxo de trabalho, como na Figura 11.1.

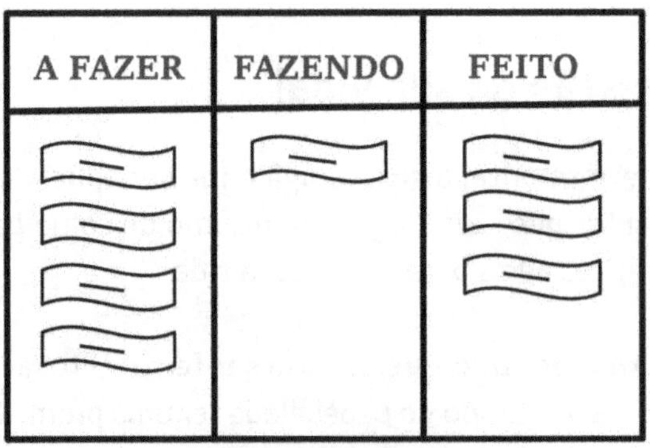

Figura 11.1. Quadro *Kanban*.
Fonte: os autores.

As colunas básicas são "A fazer", "Fazendo" e "Feito", porém você poderá criar quantas etapas precisar para visualizar seu fluxo de trabalho com maior precisão.

Atualmente existem ferramentas *on-line* que possibilitam ter um quadro compartilhado no seu computador ou celular. É uma solução eficiente para quem prefere resolver tudo de maneira digital ou para quem pretende trabalhar em grupo.

11.6. Pronto para começar?

Após dar início às práticas em seu dia a dia, certamente você compreenderá de forma mais clara as metodologias ágeis e se sentirá muito mais confiante. Em um processo seletivo isso lhe dará uma boa vantagem. É muito mais fácil explicar e argumentar sobre algo que realmente se vivenciou do que algo que se conhece somente na teoria, e isso não passará despercebido aos olhos de qualquer recrutador ou gestor em uma entrevista.

Comece já, seja motivado e tenha sucesso!

12. Certificação ou experiência: o que é mais relevante?

Amália Oliveira
Leonardo Cruz
Samantha Moreira
Wagner Peres

Você deve se perguntar o que é mais relevante para conseguir uma oportunidade como *Scrum Master*: experiência ou certificação? "Tenho que tirar todas as certificações que aparecem no mercado? Quais devo tirar e quanto investir para ter pelo menos as certificações básicas ou que me habilitam a me tornar um candidato de destaque?".

Esta deve ser uma dúvida comum quando um profissional decide começar uma carreira na agilidade. O melhor dos cenários seria ter um profissional com ambos – tanto a certificação, que traz a bagagem do conteúdo teórico, quanto a experiência, porque traz a prática do dia a dia.

Na revista *Você S/A* (NORTE, 2020), o autor do artigo "Profissionais que atuam com metodologia ágil ganham destaque nas empresas" escreve que no Brasil há uma alta demanda por profissionais, porém poucas pessoas com experiência prática. Às vezes o profissional faz o curso, mas não tem prática e depois que é contratado acaba sendo colocado de lado porque não apresenta o resultado esperado.

Se fizer uma pesquisa no LinkedIn, poderá observar que existem muitas vagas abertas. Existem candidatos, porém nem todos estão preparados para assumir uma posição. Daí surgem novas dúvidas: "será que uma certificação me tornará um candidato de mais destaque? Existem muitas opções de certificação no mercado. Qual é a mais destacada e buscada pelos profissionais de RH?".

Para quem não possui experiência atuando em projetos, seja em TI ou em qualquer outra área, certamente consideramos interessante começar pelas certificações, para poder abrir portas. Perguntamos a 30 pessoas quais foram as certificações que priorizaram para se tornarem profissionais que trabalham com agilidade (Figura 12.1).

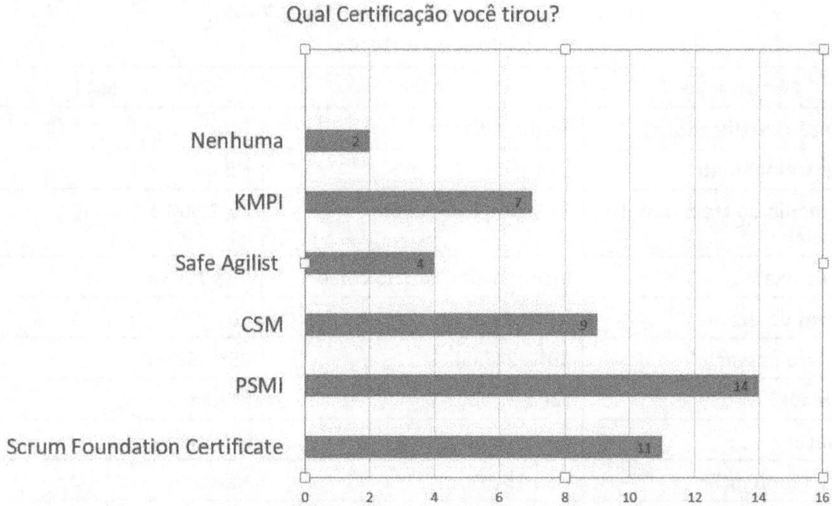

Figura 12.1. Gráfico da pesquisa realizada sobre "qual certificação você tirou?". Fonte: os autores.

As 30 pessoas que participaram deram 47 respostas sobre quais certificações priorizaram. Certamente uma porta de entrada para o mundo da agilidade é a *Scrum Foundation Certificate* ou *Scrum Fundamentals Certified* da *Scrum Study* (<https://www.scrumstudy.com/portuguese>), que se destina a qualquer pessoa que deseja saber mais sobre *Scrum* e agilidade. Não requer nenhum pré-requisito de experiência e educação, e o custo é ZERO, ou seja, ela é gratuita. Essa certificação é interessante por auxiliá-lo em uma autoavaliação de conhecimentos referentes ao *Scrum*, porém não traz tanto diferencial no que diz respeito às empresas contratantes.

A maioria dos pesquisados optou por certificações mais bem avaliadas pelo mercado, que são a CSM da *Scrum Alliance* (<https://www.scrumalliance.org/>) e a PSM I da Scrum.org (<https://www.scrum.org/>), do cocriador do *Scrum* Ken Schwaber. A CSM requer que seja feito um curso de 16 horas com algum treinador certificado pela *Scrum Alliance* para poder estar habilitado a realizar a prova. A PSM I permite realizar seu próprio desenvolvimento, através de uma rotina de estudo e realização de simulados, seja da própria Scrum.org ou de alguma plataforma EAD.

A seguir colocamos uma tabela comparativa entre ambas para ajudar a entender as principais diferenças.

Tabela 12.1. Certificações CSM x PSM I.
onte: os autores.

Certificação	CSM	PSM I
Instituição certificadora	*Scrum Alliance*	Scrum.org
Requer treinamento	Sim	Não
Custo médio do treinamento presencial	R$ 2.500 a R$ 3.000	R$ 2.500 a R$ 3.000
Custo do exame	Incluído no custo do curso	US$ 150,00
Questões do exame	35	80
***Score* para passar**	69% (24/35)	85% (68/80)
Dificuldade	Fácil	Média
Renovação	A cada dois anos	Não expira
Custo da renovação	US$ 150,00	Não tem

Tirar a certificação certamente é importante, porém, o "pós" é fundamental. Além de publicar o certificado nas redes sociais, como o LinkedIn, é importante estabelecer a sua marca pessoal, mostrar que tem conhecimento, porque conhecimento compartilhado é conhecimento ampliado. Dê tempo para fixar o conhecimento e assim colocar em prática aquilo que foi aprendido, ainda que em situações hipotéticas ou no âmbito pessoal. Isso é importante para possibilitar um senso crítico e validar as diferenças entre o "mundo real" e o conteúdo apresentado em cursos teóricos. Justamente por esse motivo é recomendável evitar emendar vários cursos ou certificações.

Outro ponto positivo do processo de certificação é, além do conhecimento adquirido, a capacidade de fazer *networking* e refletir, em cima do conteúdo programático, sobre quais experiências vou criar em minha rotina que possam trazer os cenários envolvidos no aprendizado da certificação. Dessa forma, é possível combinar uma situação de "certificação + experiência".

Além disso, a certificação pode fazer a diferença em um processo convencional de recrutamento, em que o filtro inicial já é aplicado descartando candidatos simplesmente por não apresentarem tal requisito. Porém, o fato de ser aprovado para uma próxima fase de um processo de seleção também não indica o sucesso no restante da "competição". Isso porque os processos de seleção podem ser também consideravelmente excludentes para quem não possui experiência prática. Porém, conforme citado em capítulos anteriores, a importância do *networking* é justamente conseguir indicações que permitam avançar para a entrevista com o RH ou os responsáveis pela vaga, driblando esses bloqueios iniciais.

Mais do que a certificação, portanto, o que conta no momento de uma tentativa de transição de carreira é a segurança em apresentar o conhecimento para o recrutador. Independentemente de conhecimento teórico ou prático, em empresas ou na rotina pessoal, apresentar exemplos de como lidar com situações práticas pode ser o diferencial entre os candidatos. A exigência da certificação pode ser contornada com a apresentação de um plano pessoal de desenvolvimento muito bem definido, em que conste essa meta como um objetivo de curto prazo. E, em um cenário bem realista, dadas a segurança e a habilidade com que se pode demonstrar conhecimentos do *Scrum*, a conquista da certificação tende a ser praticamente garantida.

Ainda neste capítulo serão comentadas algumas questões que poderão auxiliar a forma de abordar suas experiências durante a entrevista. Cabe relembrar itens já citados nos capítulos anteriores, que demonstram o quanto sua própria preparação na transição e outros temas do dia a dia já podem ser ressaltados como uma experiência de sucesso no uso do *Scrum* e de outras técnicas ágeis.

Além da aquisição de experiência em *Scrum*, *Kanban* e ferramentas ágeis nas tarefas cotidianas, seja de caráter pessoal ou profissional (ainda que não atuando como *Scrum Master*), que podem ser ressaltadas durante o processo de seleção, outros pontos importantes que podem ser trabalhados dizem respeito à gestão de pessoas e a decisões baseadas em dados.

Como um bom *Scrum Master* deve auxiliar diariamente o time, seja na organização das tarefas ou na remoção de impedimentos, então é fundamental ao postulante a uma vaga enxergar paralelos nessas atividades com sua rotina diária e tentar também adquirir experiências similares. Nesse caso, gestão de atividades domésticas, empreendedorismo, ou mesmo atividades do trabalho atual podem ser feitas simulando um papel de *Scrum Master*, que avalia as prioridades das tarefas, planeja a data limite de cada entrega, auxilia cada executor a remover os impedimentos e a garantir que nada atrapalhe suas execuções, busca contatos que possam ajudar ou ensinar quem ainda não está totalmente apto a executar, propõe desafios para o crescimento de sua equipe e pratica a escuta ativa. São várias as estratégias possíveis que o farão entender toda a gestão necessária em seu futuro cargo e trarão habilidades como tomada de decisão, avaliação de cenários, *feedbacks* constantes, melhoria contínua e integração da equipe.

Sobre decisões baseadas em dados, um diferencial do *Scrum Master* é justamente a coleta de dados da equipe para elaborar relatórios gerenciais, verificar padrões, compreender gargalos, propor melhorias, diminuir desperdícios, além de propor experimentos para avaliação de novos cenários que podem ser aplicados tanto no desenvolvimento como no próprio produto final.

Em resumo, não há uma resposta clara para o que é mais importante (certificação ou experiência). Mas é sempre conveniente considerar que tais fatores podem valer como critério de desempate por parte dos recrutadores.

Afinal, empresas que buscam pessoas com pouca experiência para promover o conhecimento e "moldar" o profissional conforme sua cultura farão o seu processo seletivo e avaliarão, dentre os candidatos, quais terão as melhores combinações entre experiência profissional, habilidades (*soft* e *hard skills*), segurança e autoconfiança – e também, eventualmente, uma certificação. O que cabe ao candidato é preencher ao máximo os requisitos aqui expostos (gestão de pessoas, habilidades, organização, métricas) e garantir a própria certificação.

13. O papel das comunidades

Juan Souza de Castro
Raphael de Souza Godoi

Entre as muitas definições possíveis, podemos dizer que uma comunidade se refere a um grupo de pessoas que compartilham algo em comum. Talvez, mesmo sem saber, você já deve fazer parte de algum tipo de comunidade com pessoas do seu ambiente de trabalho, faculdade ou, ainda, aqueles amigos que se reúnem para alguma atividade como um jogo *on-line*.

Esse agrupamento é um conceito identificado e sinalizado por Aristóteles (2009) em sua obra "Política", onde escreveu que "o homem é naturalmente um animal político, destinado a viver em sociedade".

Nesse contexto, fazer parte de uma comunidade é algo que o ser humano busca, ainda que inconscientemente, para satisfazer o seu desejo de pertencimento. Está na nossa essência a busca por indivíduos semelhantes e a vida em grupo.

No aperfeiçoamento pessoal e profissional isso não seria diferente, principalmente para quem está buscando uma mudança, como, por exemplo, uma transição para o mundo da agilidade. Percorrer essa jornada sozinho é possível, mas com certeza será muito mais fácil, rápido e eficiente se o indivíduo estiver amparado por outros que já trilharam essa estrada ou que estão no mesmo caminho.

As comunidades podem proporcionar um ambiente seguro para que os membros possam trocar experiências, compartilhar conteúdos e inclusive fazer pequenas validações de conceitos.

Imagine que você teve uma ideia e precisa testar se de fato funciona. Dentro das comunidades é possível convidar pessoas para que experimentem e lhe forneçam *feedback*, ajudando no processo de adaptação para alcançar o sucesso da sua ideia.

No ambiente ágil, o Brasil tem um terreno muito fértil de comunidades. Se no começo da década passada podemos considerar que existiam poucas e pequenas comunidades de agilidade formadas por profissionais pioneiros na utilização desses métodos em nosso país, hoje vemos que o cenário é de muitas comunidades que foram surgindo ao longo dos últimos anos, o que só fez aumentar o compartilhamento de informações e conexões poderosas.

Em resumo, as comunidades poderão acolhê-lo e irão ajudá-lo em sua jornada de transição de carreira, potencializando seu conhecimento e facilitando a compreensão de diferentes cenários e perspectivas. Muitas comunidades acabam se tornando verdadeiras bases de conhecimento, atuando em diversos canais, criando e promovendo conteúdos de qualidade e confiança para os seus membros.

Por esses motivos, o papel das comunidades ágeis é extremamente importante, já que reúnem pessoas com objetivos em comum e permitem que todos colaborem se desenvolvam.

13.1 Tipos de membros de uma comunidade

Dentro das comunidades, os membros têm comportamentos e atitudes diferentes. Podemos classificá-los em pelo menos três tipos de perfil, onde relacionamos o nível de participação e comprometimento com a possibilidade de aprendizado. Conheça os perfis:

- ✓ **Espectador:** pessoa que faz parte da comunidade, acompanha os movimentos, porém tem baixa interação e envolvimento prático com atividades e eventos.
- ✓ **Promotor:** membro que faz parte da comunidade, acompanha os movimentos, tem boa interação e envolvimento prático com atividades e eventos, busca sempre contribuir para os debates e divulga os conteúdos da comunidade.
- ✓ **Participativo:** membro que se envolve diretamente na organização, divulgação e realização de atividades e eventos, acompanha e promove os movimentos, interage com os demais e está ativo e contribuindo com toda a comunidade.

Observe, na Figura 13.1, que quanto maior o comprometimento do membro, maior será o aprendizado, e isso contribuirá para uma melhor experiência.

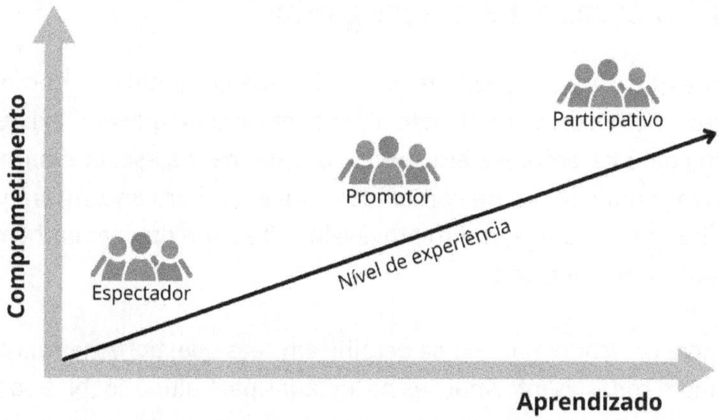

Figura 13.1. Comprometimento x aprendizado.
Fonte: os autores.

13.2. Como aproveitar as comunidades

Agora que entendemos a importância das comunidades, avançaremos para outro ponto crucial: aproveitar ao máximo tudo que elas podem oferecer. A seguir listamos sete dicas para que a sua participação nas comunidades seja potencializada.

13.2.1. Dica 1: entenda como funciona a comunidade

Quando você chega em algum lugar diferente, é necessário entender como ele funciona, ou seja, quais são as regras de convivência, o que é aceitável dentro daquele espaço e, principalmente, o que é proibido. Nas comunidades, incluindo as que falam sobre agilidade, não é diferente.

O primeiro passo após entrar na comunidade, ou até mesmo antes de escolher uma, é verificar se há um manual do membro. O famoso bom senso é sempre indispensável, mas é comum que esses espaços tenham um guia para que seus membros possam seguir e manter o ambiente amistoso. Por isso, é fundamental entender a dinâmica da comunidade.

> **Bônus:** "entrei na comunidade e vi que não tem um guia ou orientações". Mãos à obra! Que tal você se propor a criar esse documento em conjunto com outros membros?

13.2.2. Dica 2: capriche nas perguntas

Lembre-se de que uma das grandes forças de uma comunidade é poder debater com os outros membros, por isso vale aquela máxima de que não existe pergunta boba. Assim como na empresa em que você trabalha, na escola em que estudou ou na vizinhança onde mora, na comunidade você também encontrará pessoas de contextos diferentes, ou seja, muito provavelmente a sua dúvida também será a de outros, então não tenha medo.

Procure sempre colocar o máximo de detalhe em seus questionamentos para que as pessoas tenham todas as informações necessárias para ajudá-lo. Nas comunidades mais maduras, os membros estarão prontos para responder a qualquer uma das suas dúvidas.

> **Bônus**: antes de perguntar, sempre que possível, tente pesquisar sobre o assunto e formular a sua hipótese. Assim, quando fizer o questionamento, já terá em mãos alguns argumentos para debater com os demais.

13.2.3. Dica 3: não julgue, entenda o contexto

Julgamentos, ou pré-julgamentos, sempre farão com que você se afaste da realidade. Por isso, para a manutenção de um bom ambiente de colaboração, é importante que as pessoas estejam abertas a entender o que se passa pelo viés do contexto.

É inevitável que discussões aconteçam entre os membros – inclusive o debate é uma ferramenta poderosa das comunidades. Sugerimos então que, ao estar em contato com outras pessoas, mantenha o foco nos temas discutidos, nas mensagens, e não nos mensageiros. Aqui podemos deixar uma frase de autor desconhecido, embora já tenha sido atribuída a Ian Maclaren e Platão, que diz: "seja gentil, pois todos que você encontra estão lutando uma batalha difícil".

13.2.4. Dica 4: colabore sempre que possível

Em geral, as comunidades são organizações de pessoas com desejos em comum – no nosso caso, aprender sobre agilidade –, mas sem fins lucrativos. Isso significa que elas são mantidas por trabalho voluntário. Para quem está em transição de carreira, atuar em atividades e eventos das comunidades pode trazer experiência sobre o tema, além de conexão com pessoas que atuam em cargos ou papéis do mundo ágil. Ao mesmo tempo em que o indivíduo ganha em seu desenvolvimento, toda a comunidade cresce e se mantém ativa.

Bônus: quando possível, disponha-se a auxiliar nos eventos da comunidade. Caso o seu grupo ainda não tenha uma programação, essa é uma excelente oportunidade de criação.

13.2.5. Dica 5: ajude no crescimento da comunidade

Dentro das comunidades existem várias frentes de trabalho. Procure entender quais são elas para que possa escolher aquela que melhor se adequa ao que você está buscando. Atuando nessas atividades você criará mais conteúdo para os membros e isso ajudará a comunidade a ter mais visibilidade.

Como dissemos no início deste capítulo, uma comunidade é formada por pessoas com interesses em comum; dessa maneira, quando um ou mais membros crescem, toda a comunidade cresce.

Bônus: procure separar uma parte do seu tempo (não precisa ser muito) para trabalhar de forma efetiva para a sua comunidade. A soma de pequenos esforços traz um grande resultado.

13.2.6. Dica 6: incentive e promova os membros da sua comunidade

O grande motor de uma comunidade é sem dúvida a colaboração. Fortaleça sua comunidade compartilhando os conteúdos produzidos pelos demais membros. Isso mostrará que você está comprometido com o propósito, além de aumentar o alcance dos conhecimentos para pessoas que ainda não fazem parte da comunidade.

Bônus: convide pessoas que ainda não fazem parte da comunidade para conhecê-la.

13.2.7. Dica 7: participe de mais comunidades

Na nossa última dica, sugerimos que você não se limite a fazer parte de apenas uma comunidade. Transitar em ambientes diferentes fará com que você veja o mesmo assunto por várias lentes. Na dica 3 falamos sobre contexto pessoal, mas isso também vale para a comunidade em geral. Pessoas diferentes têm opiniões distintas, e isso enriquecerá sua experiência, ampliando a visão e o conhecimento sobre os temas em discussão.

Outro ponto importante de estar presente em mais que uma comunidade é que isso ajudará a mantê-lo atualizado com as novidades.

13.3. Como encontrar comunidades

Falamos sobre a importância das comunidades no desenvolvimento pessoal e como aproveitá-las da melhor maneira. Para finalizar, deixamos uma dica de como encontrar uma comunidade no mundo ágil.

A verdade é que não há nenhum segredo: as comunidades estão presentes nas principais redes sociais, como LinkedIn e Instagram. Além disso, lembre-se de que a boa e velha indicação também funciona muito bem, então conecte-se com pessoas e pergunte a elas quais comunidades elas podem indicar, com base nas dinâmicas, nos conteúdos e nas experiências.

13.4. Conclusão

Neste capítulo falamos sobre como participar de comunidades pode ajudar o profissional que está em transição de carreira a desempenhar papéis dentro da agilidade. Encontrar uma comunidade para troca de conhecimentos trará benefícios no desenvolvimento do indivíduo, porém, se essa participação ocorrer de forma ativa, os resultados serão potencializados.

O próprio Jeff Sutherland (2019), um dos criadores do *Scrum*, disse em sua obra "*Scrum*: a arte de fazer o dobro do trabalho na metade do tempo" que fazer algo pela metade, no fundo, é não fazer nada.

Após encontrar uma comunidade que tenha valores alinhados aos seus, aproveite ao máximo tudo que ela pode oferecer, participe por inteiro, contribua, entre nos debates e, o mais importante, encontre seu propósito nesse ambiente.

14. Diversidade na construção do papel do *Scrum Master*

Juan Souza de Castro
Vania Oliveira

Como mencionado no capítulo anterior, a participação em comunidades é primordial não só para adquirir e trocar conhecimentos, como também pelo *networking* e o autoconhecimento que isso traz. Você desperta talentos que nem imaginava que existiam dentro de você.

E como a comunidade tem influência na construção do papel do *Scrum Master*?

Dado que a comunidade compartilha um mesmo objetivo e ao mesmo tempo une pessoas com diferentes bases de criação, experiências e vivências, isso traz infinitas e enriquecedoras possibilidades de olhar a vida e as mais diversas situações.

Pessoas que já aprenderam errando, outras que ainda nem passaram por determinadas situações, que querem crescer, que têm medo, com alguns traumas, destemidas, ansiosas, que ensinam, solícitas, individualistas, que ainda não se descobriram profissionalmente, que se reinventaram, indivíduos da sua localidade, outros de longe com infinitos vocabulários e culturas. Como podemos notar, a diversidade pressupõe pluralidade.

E não faz a menor diferença o biotipo, pois é essa mistura que nos faz evoluir como seres humanos, que nos faz crescer, aprender, ter conhecimento, evitar julgamentos e sair da ignorância – o "não saber" que se transforma em aprendizado. Este pode vir através de uma simples conversa informal, de um treinamento ou palestra, e até mesmo através de um programa de TV ou um filme. Um *insight* que o faz mudar de rumo e buscar a "sua tribo"!

Para quem almeja fazer a tão desejada transição de carreira para atuar no papel de *Scrum Master* – assim como para qualquer outro papel dentro da metodologia ágil –, é recomendável buscar uma rede de apoio e direcionamento que lhe traga essa troca de experiências sobre o processo. É fundamental compartilhar seu percurso, como também ouvir sobre o caminho de outras pessoas, pois não se pode (nem se deve!) descartar o aprendizado de sua área de atuação anterior. E muito provavelmente você encontrará indivíduos em posições semelhantes à sua que poderão contribuir para a sua transição.

Agilidade é, sobretudo, comportamento, mentalidade e adaptação. Essas e outras *skills* (habilidades) são essenciais para o *Scrum Master*, juntamente com sua bagagem prévia e estudos na área desejada. Com certeza será um excelente começo para sua mudança de área.

A rede de apoio proporcionada pelas comunidades é uma base muito rica de informações técnicas, sociais, culturais e naturalmente comportamentais. Todos esses benefícios são impulsionados pela diversidade que as comunidades podem oferecer.

E por falar em diversidade na transição de carreira, de acordo com o Glassdor (GUIMARÃES, 2019), candidatos também apreciam esse tema, juntamente com inclusão, ao buscarem vagas de emprego. Isso reflete o quanto esses assuntos têm impactado a vida das pessoas e dos ambientes corporativos.

Uma observação importante é a identificação com a empresa e o que ela oferece culturalmente (além de cargos e salários). Iniciativas de diversidade e inclusão podem impactar a jornada de um indivíduo, na forma como são tratados e através da cultura organizacional.

A diversidade traz benefícios como melhoria da criatividade, aumento da motivação dos colaboradores, redução dos conflitos entre os indivíduos, cultura de inovação, fortalecimento da imagem da empresa, entre outros. Tudo isso, consequentemente, contribui para termos uma sociedade mais equiparada, assim como reflete no ambiente de trabalho.

De acordo com relatório da McKinsey (HUNT *et al.*, 2018), pesquisas atualizadas confirmam a conexão da diversidade e do desempenho financeiro nas organizações:

> *As empresas relatam que melhorar substancialmente a representatividade de talentos diversificados em seus quadros de funcionários, bem como utilizar efetivamente a inclusão e a diversidade como facilitadores do impacto comercial, são objetivos particularmente desafiadores. Apesar disso, várias organizações em todo o mundo conseguiram realizar melhorias consideráveis em termos de inclusão e diversidade – e têm colhido benefícios tangíveis por seus esforços.*

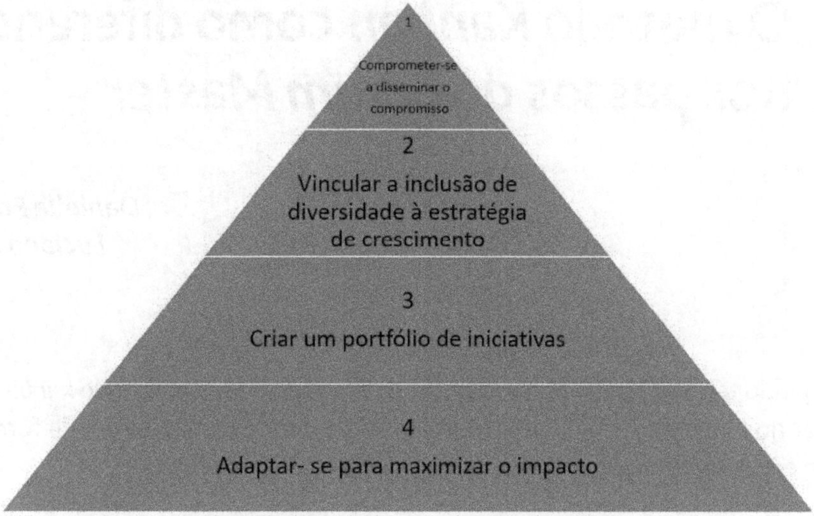

Figura 14.1. Imperativos para que haja crescimento inclusivo.
Fonte: adaptado de Hunt *et al.* (2018).

Podemos concluir que as comunidades e toda a sua riqueza em diversidade são um excelente impulsionador na transição para qualquer área – e, no caso da agilidade, não seria diferente. Consegue enxergar essa variedade, essa abundância, de conteúdos repletos de peculiaridades? E isso não está escrito em nenhum livro, pois são trocas de experiências na vida real. Escolha hoje mesmo uma ou várias comunidades e aproveite!

15. O método *Kanban* como diferencial nos passos do *Scrum Master*

Daniélle Pombal
Luciano Pinna

Este capítulo tem como objetivo esclarecer a contribuição que o método *Kanban* pode oferecer no início da jornada do *Scrum Master*, ajudar na trilha inicial de formação *Kanban* e contar um pouco da experiência dos autores no tema.

Antes mesmo de explicar o método *Kanban*, vamos trazer alguns conceitos básicos desse método que todos os integrantes de um time devem conhecer – principalmente o *Scrum Master*.

O termo *Kanban* é de origem japonesa e significa literalmente "cartão" ou "sinalização".

Você sabe a diferença entre *kanban*, quadro *Kanban* e método *Kanban*?

O *kanban* com "k" minúsculo são os cartões (utilizamos o *post-it* para representar os cartões com as tarefas). Quadro *Kanban* (com K maiúsculo) significa o quadro dividido em colunas onde colocamos os cartões. E método *Kanban*, também com K maiúsculo, se refere ao método criado por David J. Anderson e que hoje é amplamente utilizado em diversas empresas.

15.1. "Pare de começar e comece a terminar"

Essa é uma das frases que talvez seja a melhor definição para o sistema puxado, onde as tarefas devem ser finalizadas antes de se iniciar uma nova.

Esse é o carro-chefe do método *Kanban* criado por David J. Anderson, inspirado no Sistema Toyota de Produção, que tem como base a melhoria contínua evolucionária (ou *kaizen*) e a eliminação de desperdício.

O *Kanban*, muitas vezes confundido como *framework* ou metodologia, é um método que ajuda o time a gerenciar o trabalho em progresso.

Kanban não tem um passo a passo a ser seguido, ou um modelo, e pode ser usado em qualquer empresa para ajudar no gerenciamento do trabalho em progresso e na melhoria contínua evolucionária dentro de um time.

15.2. "Comece com o que você faz agora"

Por não ser um modelo pronto de implementação, o *Kanban* vem ajudando muito equipes que utilizam qualquer metodologia, seja modelo ágil, híbrido ou *waterfall*, pois é um método facilmente adaptável, que parte do que é feito agora e tem o objetivo de dar visibilidade ao fluxo de trabalho, ajudar a verificar os "trabalhos invisíveis" e aliviar a sobrecarga dos indivíduos, respeitando os papéis, os cargos e as responsabilidades.

As colunas do Quadro *Kanban* devem ser desenhadas de acordo com o fluxo de trabalho de cada time, portanto é natural que dentro de uma mesma organização existam quadros com colunas diferentes.

O *Kanban* não define papéis e responsabilidades. O único papel sugerido é o de *Service Delivery Manager*, que seria o indivíduo responsável pelas métricas, pela análise do fluxo e pela melhoria contínua. Esse papel pode ser realizado por qualquer pessoa do time que tenha conhecimento de *Kanban*. Geralmente o *Scrum Master* assume esse papel.

Caso a organização adote o *Kanban*, é bem provável que o *Scrum Master* precise desses conhecimentos, pois será o responsável pela condução do time utilizando o método.

15.3. "*Kanban*: mudança evolucionária de sucesso para seu negócio de tecnologia"

Assim como no *Scrum*, o *Kanban* também adota uma cultura de melhoria contínua evolucionária do processo de trabalho. Trata-se de uma cultura de trabalho onde todos os profissionais estão focados em continuamente melhorar a qualidade, a produtividade e a satisfação do cliente.

A principal função do *Scrum Master* é atuar como agente de mudanças, e o *Kanban* traz muitos conceitos que podem ser adaptados para qualquer metodologia (ágil ou *waterfall*), o que facilita a atuação desse profissional.

Para a adoção do método é necessária uma avaliação do contexto da empresa, do projeto e do time, portanto não é possível fornecer uma "receita de bolo" sobre quais práticas se adequarão melhor ao seu time.

15.4. Sugestão para a trilha de certificação *Kanban*

Todos os cursos a seguir são oficiais e ministrados com versões presenciais ou *on-line* por pessoas autorizadas e credenciadas junto à *Kanban University*, com certificado reconhecido internacionalmente, e não há necessidade de manutenção/renovação.

Se você não conhece absolutamente nada de *Kanban*, inicie pelo *Team Kanban Practitioner* (TKP). Essa certificação é oficial da *Kanban University* e é obtida em 8 horas de treinamento, sem pré-requisitos ou prova.

Caso queira se aprofundar na implementação do método e deseje uma certificação mais reconhecida no mercado, é necessário fazer os dois cursos citados a seguir. Após sua conclusão, você obtém a certificação *Kanban Management Professional* (KMP).

- ✓ **Curso 1 – *Kanban System Design* (KSD | KMPI):** é o passo inicial para a certificação KMP. Esse curso é indicado para gerentes e membros de equipes que queiram começar uma iniciativa de *Kanban* ou extrair melhores resultados do sistema atual com fluxo contínuo para entrega frequente de valor. Você vai aprender a identificar gargalos e filas, e conhecer melhoria contínua e o conceito de STATIK (*Systems Thinking Approach to Introducing Kanban*), para construção do seu sistema *Kanban*. O curso tem 16 horas de treinamento e é ideal que antes você tenha lido o livro "Kanban: mudança evolucionária de sucesso para seu negócio de tecnologia", de David J. Anderson (2011).
- ✓ **Curso 2 – *Kanban Systems Improvement* (KSI | KMP II):** é o segundo e último curso para obter a certificação KMP. Esse curso é indicado para pessoas que já utilizam *Kanban* e querem se aprofundar na abordagem colhendo melhores resultados de suas implementações. Esse curso tem 16 horas de treinamento e o ideal é que, antes de iniciá-lo, você já esteja utilizando o *Kanban* em sua organização por um tempo.

Existem outros cursos avançados que podem ser verificados no site da *Kanban University*.

15.5. Minha experiência na trilha *Kanban*

Daniélle Pombal

Agora vou contar um pouco da minha experiência na obtenção das certificações e indicar o que você não deve fazer.

Em janeiro de 2020 eu não conhecia ainda vários conceitos de *Kanban*, apesar de já utilizar alguns deles no meu dia a dia desde 2008. Decidi iniciar pelo TKP. Gostei tanto que saí logo fazendo o KSD e o KSI, sem utilizar o método. Foi bem difícil receber uma enxurrada de novos conhecimentos sem usá-los na prática. Para completar, eu ainda segui para os cursos avançados de KMM e KCP.

Deparei com a situação de me tornar *Kanban Coach* sem ter aproveitado muito o conhecimento recebido nos cursos (que têm um alto custo), só pela ânsia de ter as certificações.

Precisei parar e me organizar para aproveitar o conhecimento recebido. Fiz meu próprio *Kanban* organizando uma forma de melhor aproveitá-lo. Nesse período já havia começado a usar o método *Kanban* em vários times e ainda assim sentia muita dificuldade em aplicar os conceitos e ler o material sem refazer o curso. Por fim, optei por refazer os quatro cursos.

Minha sugestão é: tenha tempo de assimilar os conceitos antes de iniciar um novo curso da trilha de *Kanban*. Utilize o método em casa ou na sua organização. Só temos dúvidas quando praticamos.

15.5.1. Como o *Kanban* me ajudou a transitar de GP para *Scrum Master*?

Desde 2019 eu tinha certeza da minha vontade de migrar da área de gestão de projetos tradicionais para trabalhar com times ágeis.

Trilhei inicialmente alguns cursos, dentre eles *Scrum*, SAFe®, PMO Ágil e *Management* 3.0. E finalmente conheci o *Kanban*, que é um método que se adapta à realidade de cada cliente. Ele foi de grande importância para a minha virada de chave em relação ao meu *mindset*.

O *Kanban* trouxe para mim o conceito de melhoria contínua, de times que produzem atos de liderança em todos os níveis, do real sentido da colaboração do time e até a forma de contratação de uma consultoria pode ser repensada com base nesse método. Percebi que através dele tornamos a relação organização-consultoria um ganha-ganha.

Aplicando vários conceitos do *Kanban*, eu montei o meu próprio quadro com tarefas de conhecimentos e certificações que eu gostaria de obter para fazer a transição de carreira. Eu puxava as tarefas e as concluía sem ter muitas tarefas em andamento simultaneamente, aplicando um dos conceitos do *Kanban* de limitar o trabalho em progresso (WIP – *Work In Progress*). As tarefas eram classificadas de acordo com a prioridade que eu julgava necessária e ia buscando sempre a melhoria contínua evolucionária.

Outro conceito que também apliquei e que é apresentado nas turmas avançadas de *Kanban* é em relação ao cérebro humano e como a amígdala se comporta toda vez que saímos da zona de conforto, o que é bem incômodo, mas necessário para nossa evolução e mudança.

Somente quando entendemos que nosso cérebro está acostumado a seguir crenças que estão enraizadas no nosso subconsciente e que temos medo do desconhecido, por conta de um processo do nosso cérebro em emitir reações químicas que nos paralisam e não nos deixam prosseguir em algo para mudarmos a nossa carreira, conseguimos quebrar essa barreira e evoluir.

Deixo para você uma frase que levo para a vida toda do Walt Disney: "todos os seus sonhos podem virar verdade, caso você tenha a coragem de persegui-los".

16. Já pensou em focar mais em indivíduos e interações do que em processos e ferramentas?

Carina Garbin Baticini
Juliana Bóz Gazzi

Originalmente, métodos ágeis surgiram de um movimento que visava descobrir as melhores maneiras de desenvolver softwares (BECK *et al.*, 2001). Não demorou até que os ganhos obtidos começassem a ser disseminados, chamando atenção dos mais variados setores e extrapolando as fronteiras do mundo da tecnologia.

Se direcionarmos o olhar para o elemento da Indústria 4.0 que visa a descentralização das decisões e aliarmos com a era do conhecimento, que dá enfoque para a aprendizagem e a gestão das competências, fica claro que, assim como em métodos ágeis, as atenções estão voltadas para pessoas, uma vez que indivíduos e interações são prioridades diante de processos e ferramentas (BECK *et al.*, 2001).

Benvenutti (2021) descreveu de forma muito prática que "não importa quem você é, de onde veio ou o que faz agora. Cada dia é uma oportunidade de colocar sua energia naquilo que deseja e transformar suas vontades em ações".

Ser um agente de transformação focado em agilidade é uma profissão diferente de todas as outras que conhecemos. Gostamos de dizer que é uma carreira acolhedora, pois une todas as habilidades que adquirimos ao longo da vida, independentemente da área de formação.

O sucesso desse profissional não diz respeito apenas ao conhecimento teórico sobre *frameworks* e metodologias. Ele está diretamente ligado às suas habilidades comportamentais, ou seja, às *soft skills*. Listamos aqui algumas que julgamos importantes e que foram úteis durante esses anos de experiência.

16.1. Comunicação

Começamos por uma habilidade que possuímos desde o nascimento, a capacidade de **comunicação**. Comunicar vai muito além de proferir palavras ao léu. Nós, enquanto emissores da mensagem, somos responsáveis pela informação que o receptor interpretará. Por isso a importância da contextualização do cenário que está sendo exposto.

No mundo corporativo, precisamos dominar a capacidade de comunicar de forma clara para diferentes públicos: o time operacional, o usuário final, os executivos e os *stakeholders*. Sinek (2018) afirma brilhantemente que as pessoas não compram o que você faz e sim o porquê você o faz. Então, o fato de não comunicar o porquê pode gerar estresse, dúvida, falta de engajamento, desmotivação e por consequência resultados insatisfatórios.

Toda ação gera uma reação, e com a comunicação não é diferente. É preciso exercitar também a capacidade de **escutar ativamente**, não com o intuito de responder, e sim com atenção para compreender e entender as emoções do outro.

Para tal, existe um exercício da **comunicação não violenta** que Rosenberg (2006) explica em quatro passos: 1) observar o que está acontecendo sem julgar; 2) identificar nossos sentimentos em relação ao acontecimento; 3) reconhecer quais de nossas necessidades estão ligadas aos sentimentos identificados; e, por fim, 4) agir com cautela.

A escuta ativa é sobre se colocar no lugar do outro, ser **empático** e compreender as escolhas, as alegrias e os medos, o que os move e o que os paralisa.

Até aqui o enfoque foi em ter capacidade de se expressar, contextualizando e provendo dados, mas também sabendo o momento de ouvir para absorver o que o outro nos passa, sem prévias suposições. Com isso, estamos fortalecendo tomadas de decisões, através da coleta e do abastecimento de informações.

16.2. *Feedback*

Uma das responsabilidades do *Scrum Master*, em geral, é a capacidade de identificar arquétipos, olhando sob outro prisma, pois "é a capacidade de interrogar paradigmas e aceitar novas verdades que define o valor de alguém para o mundo" (BENVENUTTI, 2021, p. 40).

Falando em paradigmas, vale elucidar o ***feedback***. A maioria dos profissionais acredita fortemente que a responsabilidade está ligada exclusivamente ao gestor direto. Sim, esse movimento é importante, mas observe à sua volta quem são as pessoas que trabalham ao seu lado ou quem seu trabalho/comportamento afeta diretamente. E então saberá quem poderá agregar no *feedback*.

Reflita também quão frequentes são os *feedbacks* no seu círculo de convívio. Quantas vezes você fez um *feedback* sincero e informal ao seu colega?

Quando bem-feito, ele pode representar o início de um processo de mudança de comportamento, pois fornece informações sobre como suas atitudes estão afetando outras pessoas.

Qual é a parcela de contribuição do *Scrum Master* para isso? Através da criação da cultura de receptividade, do ambiente de segurança e confiança para dar e receber. Assim, sempre que pontos fortes e de melhoria forem identificados, podemos realizar *feedback*. Mas lembre-se: ele apenas será bem-sucedido quando ambas as partes estiverem abertas ao diálogo.

Imagine que ótimo seria estar rodeado de pessoas dispostas a evoluir e a contribuir para o seu crescimento. Muitas vezes fornecer *feedback* é uma situação complicada. O que nos leva para a próxima habilidade.

16.3. Resolução de conflitos

Eventos inesperados acontecem quase diariamente, e, independentemente da estratégia utilizada para driblar tais impedimentos, sobressai a habilidade do *Scrum Master* de ter jogo de cintura e atuar de forma neutra.

No intuito de garantir fluidez ao processo, será necessário mediar conflitos e solucionar problemas – entretanto, nada disso será eficaz se não houver compreensão das motivações das partes envolvidas. Escuta ativa, lembra?

O *Scrum Master* possui várias frentes aqui: incentivar o time a dar o primeiro passo, identificar e unir pessoas de diferentes áreas e *skills* para acelerar a resolução do conflito e, até mesmo, puxar ações de resolução nos casos em que é necessário utilizar um modelo mais elaborado para chegar até a raiz do problema e eliminá-lo por completo.

16.4. Facilitação

Falando em modelo mais elaborado, lembramos da habilidade da **facilitação**. Não só de cerimônias vive um *Scrum Master*. Diversos são os tipos de reuniões que lhe cabe facilitar. Novamente, é sobre saber ouvir, contextualizar e retomar o foco da reunião através de perguntas-chave; é saber conduzir a conversa para que planos de ação sejam levantados, identificando responsáveis por realizá-los e data para acontecimento.

Perceber o momento das pessoas e do time é uma das habilidades de um *Scrum Master*. Facilitar um *team building* ou promover um *team bonding* não são receitas prontas, é preciso conquistar a confiança das pessoas para que elas retribuam com engajamento. E isso você não conseguirá se fizer o *by the book*. Ter a sensibilidade de saber encaixar os momentos, ou até mesmo readaptar na hora, faz parte do dia a dia.

16.5. Trabalho em equipe

Você já deve ter percebido que o *Scrum Master* costuma estar cercado de pessoas. Logo, precisa ter a capacidade de **trabalhar em equipe**, sincronizado com o objetivo do *squad*, tendo proatividade para fazer a roda girar.

Quando empregamos agilidade, significa que buscamos realizar entregas de valor em ciclos curtos, o que gera muitos *feedbacks* internos e externos, uma vez que clientes já não têm paciência para soluções que demoram a ser criadas ou que geram pouco ou nenhum ganho de produtividade.

O conceito de mundo VUCA evoluiu e agora se tornou BANI. O que era volátil e mutável agora expõe uma configuração de estruturas frágeis, assim as incertezas se tornaram tantas que estamos cada vez mais ansiosos. O que era complexo passou a ser não linear, e então passamos a não saber de onde as coisas chegam e para onde elas vão; logo, a dúvida que a ambiguidade gera passa a se tornar incompreensível (PIMENTA, 2021).

Diante do supracitado, é comum que ocorram alterações no produto/serviço, e a ideia de pivotar caminhos passa a ser normalizada. Isto exige de um profissional muito mais que resiliência.

Quando trabalhamos a evolução de pessoas e da cultura organizacional, é preciso pensar fora da caixa, ser criativo e inovar. Consiste em tornar-se ainda melhor, mesmo diante de situações adversas, improváveis ou imprevisíveis. Isso, meu amigo, é ser **antifrágil**.

16.6. Seja um líder inspirador!

Talvez você esteja pensativo e confuso durante esta leitura, pois essas *soft skills* remetem às de um líder. E é isso mesmo. Ser uma figura de **liderança** não está diretamente ligado ao cargo.

De acordo com Sinek (2018), existem apenas duas maneiras de influenciar o comportamento humano: manipulando ou inspirando. Ter atitudes de um líder é inspirar o time a fazer mais e melhor, incentivando a evolução, sempre confiando e dando suporte. Quando deixamos claro os porquês e mostramos o real impacto do trabalho, estamos abrindo espaço para a auto-organização e o empoderamento das pessoas.

Gostamos de utilizar a metáfora do processo de crescimento de uma árvore. Quando aproximamos uma estaca do tronco, estamos dando suporte e sustentação para que ela cresça com uma estrutura mais forte e foque suas energias na direção correta. A estaca não significa imposição ou estagnação, mas apoio para evolução e criação de uma base sólida.

Reparou como tudo está interligado? Todas as habilidades aqui descritas podem ser utilizadas em qualquer situação ou carreira. É isso o que torna essa profissão inclusiva, pois, assim como Benvenutti (2021) bem descreve, "pessoas se conectam primeiro com pessoas, depois com a empresa".

16.7. Contribua ativamente para a evolução do seu time!

Transformar os funcionários em profissionais valorizados pelo mercado, segundo Benvenutti (2021), fortalece a reputação geral da companhia, além de atrair gente boa. É preciso oferecer um aeroporto para que eles decolem e um trampolim para irem mais alto. Mas cuidado para não confundir incentivos de crescimento com imposição. Cada ser humano é único e tem seu próprio tempo para evoluir.

Ao falarmos sobre evolução de pessoas, é preciso ter em mente que existem diferentes tipos de *mindset* permeando as atitudes e crenças das pessoas. Existem os que possuem o *mindset* fixo, com constante necessidade de provar a si mesmos seu valor ao mesmo tempo em que temem o desafio. Já aqueles que possuem um *mindset* de crescimento se baseiam na crença de que são capazes de cultivar suas qualidades básicas por meio de seus próprios esforços (DWECK, 2017).

Percebe que não existe uma receita mágica? Não é simplesmente explicar a teoria sobre métodos ágeis ou palestrar sobre a importância de pensar fora da caixa, é necessário aplicar técnicas de *coaching* e *mentoring* que possibilitem a evolução orgânica.

Conduzido de maneira confidencial, individualmente ou em grupo, o *coaching* é uma oportunidade para que as pessoas possam conhecer e atingir seu potencial máximo e alcançar suas metas. Ele é dinâmico e, principalmente, integrativo. Ele nos ensina a conhecer nossas partes e integrá-las (DWECK, 2017).

Já o *mentoring* se baseia em modelagem de pessoas. O aprendizado vem de fora para dentro e possui foco no presente e no futuro. Transmite a experiência específica em determinada área do seu mentor. Esse é um relacionamento de apoio em que uma pessoa mais experiente transfere seu conhecimento (CHIAVENATO, 2002).

Mas nada disso tem valor se não houver entrega, reciprocidade e ambiente de confiança. É preciso estar atento aos sinais e não forçar conversas ou fazer exigências sobre sair da zona de conforto.

Para ser um *coach* ou mentor, é necessário ter autoconhecimento para coibir a reação automática de assumir o controle das coisas que não estão caminhando do modo que gostaríamos (ADKINS, 2020).

Lembre-se sempre de que cada pessoa tem o seu tempo e a sua forma de aprender. Muitas vezes o exemplo do dia a dia é mais eficaz do que a cobrança por fazer diferente e melhor.

16.8. A transformação cultural como aliada na transformação ágil

Criar ações e movimentos de transformação cultural não é um trabalho individualizado do *Scrum Master*. Nas organizações em que a transformação ágil não é apenas um discurso de palco e sim um movimento consolidado com ações efetivas, haverá investimentos e também alterações na produtividade. Li (2019) bem descreve que "a cultura determina a proporção da transformação, ela pode ser fator limitante ou o motor de crescimento".

Quando falamos de cultura, falamos de pessoas. Como você espera que o cliente seja bem tratado se a organização trata o colaborador com descaso? O *employer branding* é um grande aliado na jornada de um *Scrum Master*. Focar em pessoas não é moda! Quando felizes, com perspectiva de evolução e alinhadas com o propósito, as chances de o cliente ser impactado com uma excelente experiência aumentam exponencialmente.

Uma organização sem propósito gerencia pessoas. Uma empresa com propósito as mobiliza (BENVENUTTI, 2018). E agilidade vem para mobilizar. Diferentemente de correria, trata-se de um conceito em que a qualidade do tempo e o melhor aproveitamento são essenciais. O grande diferencial do mundo ágil é desacelerar para conectar as pessoas por meio de um propósito maior em um ambiente colaborativo (ANDRADE, 2018).

Se você deseja ser um *Scrum Master* que faz acontecer na prática "indivíduos e interações mais que processos e ferramentas", sugerimos que exercite uma liderança humanizada. Assim como Andrade (2018) bem pontuou, a liderança é feita através de perguntas, do exercício do *feedback* constante e de reconhecimento, celebrando cada pequena conquista, exercitando a empatia e especialmente sendo exemplo.

Ferramentas modernas e processos bem estruturados são fundamentais para bons resultados, mas eles são inúteis sem pessoas felizes, motivadas e engajadas para fazer acontecer!

PARTE IV.
CONQUISTANDO UMA VAGA

17. O que as empresas buscam ao contratar *Scrum Masters*?

Dayane Diniz
Gisele Ortega

Após a transição de carreira e o tão sonhado início no novo cargo, quais são as atribuições do dia a dia? O que a empresa que me contratou espera que eu faça? Essa parte você não encontra em livros e vídeos. O mercado está repleto de informações a respeito dos processos e ritos do *Scrum*, e na hora da "mão na massa" falta conteúdo.

Para melhor aprendizado, vamos atrelar teoria e prática. O que você vai encontrar durante os processos seletivos será de extrema importância para a sua permanência e o seu desenvolvimento nesse novo mundo... a agilidade.

17.1. Líder servidor

A expressão **líder servidor** vem se tornando bem conhecida nos últimos anos, principalmente com o crescimento do *mindset* ágil.

A **liderança servidora** pode ser, segundo alguns profissionais de RH, um dos pontos mais procurados durante o processo seletivo. Isso porque o estilo de liderança servidora vai facilitar todo o *Scrum flow*. Tenha em mente que o mercado tradicional com "chefia" não tem espaço nos parâmetros do *Scrum* – você não será o chefe do seu time. Seu papel é **facilitar** o desenvolvimento de toda a equipe, retirar empecilhos externos (como problemas com acessos e equipamentos com defeito) e resolver questões internas de cada membro do time.

Com a chegada do *home office* ficou mais evidente que não é possível separar o pessoal do profissional. O ser humano tem suas demandas internas – e se elas não estiverem em equilíbrio, podem, sim, afetar as questões profissionais. Cabe a você, líder servidor, identificar quando ocorre esse desarranjo e ajudar o membro do time. E como identificar isso? Através da segurança psicológica. Para Marcus Ronsoni (2021),

> *a segurança psicológica é essencial para desencadear talento e criação de valor. Desde liderar uma equipe de projetos no escritório a cuidar de pacientes na enfermaria do hospital, treinar um time de críquete em campo a ensinar e orientar jovens estudantes na escola, encorajar outros a falarem sobre irregularidades até, inclusive, chegar em Marte, a segurança psicológica é essencial para se comunicar, colaborar, experimentar e assegurar o bem-estar dos outros [...]*

O mercado de trabalho tradicional adota o modelo de liderança voltado para o **comando e controle.**

Segundo o dicionário Michaelis (s.d.), comando pode ser descrito como: habilidade de exercer a chefia, de dirigir. E controle: fiscalização e domínio de alguém ou alguma coisa.

Se observarmos o significado ao pé da letra, o estilo de gestão que muitos de nós conhecemos vai contra tudo o que as empresas buscam.

Mais difícil que aprender *frameworks* e expressões é mudar o *mindset*. Essa tem sido uma das maiores dores do RH, uma vez que o mercado de tecnologia está aquecido e falta mão de obra já inserida no TI. Como muitas empresas têm focado em profissionais que estão em transição, durante os processos seletivos é quase impossível não encontrar chefes da velha gestão.

Segundo a revista *Forbes* (MATTOS, 2021), a capacidade de expressar opiniões com tranquilidade, fazer perguntas e, principalmente, receber ajuda em vez de críticas ao cometer um erro é uma das características de um ambiente profissional que oferece segurança psicológica.

A inovação anda lado a lado com possíveis erros ao longo do processo de transformação, o que vai exigir uma certa dose de adaptação. Existe um ditado popular que faz todo o sentido nesse contexto: "é errando que se aprende". Deixe seu time livre para errar, traga fóruns e discussões para a solução do erro, onde todos têm poder de fala.

Encoraje as pessoas a pensar além, a sair da caixinha – não existe apenas uma forma para resolver problemas. Crie um espaço onde os membros do seu time possam arriscar e trazer novas perspectivas.

E, principalmente, pratique a **escuta ativa**!

17.2. Escuta ativa

A escuta ativa é uma maneira de comunicar ao interlocutor que realmente está sendo atendido e compreendido, por meio de respostas físicas e verbais de quem recebe a mensagem. No ambiente de trabalho presencial, mantenha contato visual, retire todas as formas de distração e ouça atentamente tudo o que está sendo dito, sem interrupções. Já no virtual, mantenha a câmera ligada durante a reunião e deixe as mãos em lugares visíveis. Assim, a mensagem de que está totalmente atento ao conteúdo do encontro é enviada com sucesso. A cada pausa na fala do interlocutor, confirme se o seu entendimento até ali está correto.

A escuta ativa vai auxiliá-lo no relacionamento com o *Product Owner*, parte fundamental do time. Cabe a ele trazer as demandas do negócio e cabe a você intermediar o que vai chegar ao time de desenvolvimento, respeitando o *flow* e os ritos do *Scrum*. Em muitos casos, temos um alto número de demandas urgentes vindas do *Product Owner*. Cabe a você ajudar e orientar a priorização delas visando o MVP. Tudo o que vem do *Product Owner* é urgente, porém nem tudo vai ser importante e entregar valor ao cliente. Analise e direcione a correta priorização do que o time de desenvolvimento vai colocar em prática.

Essa falha na gestão pode gerar uma pressão no time e reduzir a performance de todos, além de não realizar entregas pertinentes às necessidades do negócio. Com isso, os níveis de estresse sobem de maneira alarmante e com ele o *turnover*. Resultado: um problema para o RH.

17.3. Encurtando caminhos e acelerando processos

Se analisarmos todos os *skills* apresentados neste capítulo, podemos identificar um ponto de semelhança: Tudo gira em torno de **comunicação**. Segundo o Michaelis (s.d.), comunicação pode ser descrita como: ato que envolve a transmissão e a recepção de mensagens entre o transmissor e receptor, através da linguagem oral, escrita ou gestual, por meio de sistemas convencionados de signos e símbolos. Até aqui tudo bem, mas preste bem atenção, pois existem técnicas para ser mais objetivo durante esse processo.

Uma das características de um *Scrum Master* é a adaptabilidade, não somente nos ambientes empresariais, mas com as pessoas à volta dele também. Existe algum curso que ensine a ser adaptável? Certificação? Existe, só que ela se apresenta com PNL (programação neurolinguística).

17.4. Aplicando a PNL (programação neurolinguística) na agilidade

O Instituto Daudt (s.d.) apresenta PNL como uma ferramenta de aprendizagem que ensina a se comunicar de forma mais objetiva interna e externamente. Pode se considerar:

- ✓ **P – Programação:** habilidade de organizar a comunicação e o sistema neurológico para conquistar objetivos específicos.
- ✓ **N – Neuro:** sistema nervoso por meio do qual a experiência é recebida, processada e concebida.
- ✓ **L – Linguística:** sistema de comunicação verbal e não verbal que representa a experiência e o significado.

Todos nós, seres humanos, temos peculiaridades comportamentais e necessidades diferentes, e isso não se ausenta quando falamos de comunicação. Algumas pessoas precisam de detalhes, imagens, para absorver a mensagem; outras já precisam que a informação seja breve e direta ao ponto, para que a correta absorção do conteúdo seja realizada.

Se fôssemos aprofundar o conteúdo, provavelmente teríamos de criar um outro livro. A PNL é um universo pouco explorado de possibilidades e oportunidades.

Você já se perguntou como algumas pessoas conseguem se aproximar e criar conexões com outras que eram totalmente fechadas? Existem técnicas aplicadas durante o primeiro contato que possibilitam tudo isso. Agora vamos colocar em prática essas situações para que consiga contextualizar o uso da PNL.

Maria é líder de setor de uma empresa renomada. Seus dias são preenchidos por reuniões e relatórios em um ambiente estressante e de constante cobrança. Em cenários assim é normal que as pessoas fiquem na defensiva. Recém-chegada na empresa, Paula precisa se conectar com Maria para que alguns processos sejam priorizados. Diferentemente dos demais, Paula conhece técnicas de PNL e já fez uma breve leitura do ambiente em que Maria está inserida. Com isso, estruturou um roteiro para o primeiro contato. Vamos analisar o diálogo:

"Paula: Bom dia, Maria, tudo bem com você?"
Primeira mudança no diálogo: Paula se referiu a Maria pelo nome e houve uma primeira quebra de barreira mental. O bem-estar da Maria ali realmente é importante, então existe uma pausa à espera da resposta.

"Paula: Que ótimo (sorriso)! Impressionante o seu trabalho aqui no setor, são muitas demandas... fiquei encantada como você orquestra tudo..."
Na frase anterior, temos duas mudanças: o sorriso sincero quebra o gelo do primeiro contato – já percebeu que naturalmente retribuímos sorrisos sinceros?

Segundo ponto: Paula reconheceu o trabalho da Maria, teve empatia. Em um ambiente onde "bom dia" não é algo natural, comportamentos de reconhecimento e empatia criam uma conexão imediata com quem recebe a mensagem.

Mesmo em ambientes onde já sejam aplicados Gestão 3.0 e processos ágeis, encontramos cenários como o do exemplo anterior. Pensar nas pessoas como pessoas e não como números é um movimento relativamente recente. Essa mudança ainda não conseguiu atingir os profissionais de todos os níveis hierárquicos e mercadológicos.

Esteja atento para fazer considerações verdadeiras: antes de falar algo, observe o ambiente e os comportamentos existentes. Pequenos detalhes não devem ser descartados.

Aplicando a PNL você consegue ser o indivíduo adaptável que o RH tanto busca. Não se surpreenda se for a pessoa que se comunica e se relaciona bem com todos. Seja um ponto de segurança emocional para os companheiros de trabalho e seus processos fluirão. Prepare-se para ser visto e notado por pessoas estratégicas.

Nos dias atuais temos todas as ferramentas ao alcance de um clique. Trilhar a melhoria contínua e se tornar um profissional que as grandes empresas desejam depende apenas de você. Esse perfil tem na mão o poder de escolha e reconhecimento.

18. Conquistando uma vaga através das comunidades ágeis e das mídias sociais

Caio Lourenço

Quando estamos buscando novas oportunidades de trabalho ou em um processo de transição de carreira, principalmente para papéis como o de *Scrum Master*, começamos a absorver dezenas de conteúdo das mídias sociais das mais variadas comunidades ágeis, sem ao menos entender se faz sentido a nossa participação e quais benefícios ela irá nos trazer. Participar de uma comunidade ágil apenas para ter novos conhecimentos não é o suficiente, existem determinadas atitudes que podemos ter para conseguir conquistar uma vaga de trabalho.

Em mais de cinco anos participando de algumas comunidades ágeis, estive presente em encontros presenciais e remotos, ganhando experiência como membro organizador e facilitador desses encontros, principalmente através do ***Scrum* Aplicado**, uma comunidade ágil com foco no *framework Scrum* que foi criada pela Izis Filipaldi e pelo Renato Reis. Após meses de participação, acabei me tornando um dos organizadores em conjunto com o Paulo Sidney e o Carlos Faddul. Em todos esses anos organizando e participando de eventos do *Scrum* Aplicado, conheci várias pessoas importantes que ajudaram na minha jornada profissional e obtive aprendizados que me fazem receber propostas de trabalho em mais de uma mídia social frequentemente até os dias atuais.

Ao longo deste capítulo irei apresentar todas as atitudes que tive durante as minhas participações nas comunidades ágeis e que me fizeram conhecer grandes profissionais, participar de cursos e *workshops* e conquistar a oportunidade de trabalho que tanto sonhei. Para que você entenda melhor tudo isso, o texto é separado em duas partes, da seguinte forma:

- ✓ Descobrir onde encontrar as principais comunidades ágeis.
- ✓ Como conquistar uma oportunidade de trabalho através das mídias sociais.

Na primeira parte eu apresento as principais mídias sociais para encontrar as comunidades ágeis e como os seus organizadores as utilizam para o compartilhamento de conteúdo e de eventos. Já na segunda parte você conhecerá todas as atitudes que aprendi e coloquei em prática durante esses anos para conquistar uma oportunidade de trabalho através das comunidades ágeis.

18.1. Em quais mídias sociais encontrar os melhores valores?

A principal mídia social que tem como um dos objetivos o relacionamento entre profissionais é o LinkedIn, a maior rede social profissional e que em 2017 atingiu 500 milhões de inscritos no mundo inteiro. A dinâmica do LinkedIn é que os profissionais podem criar os seus currículos e buscar empregos nas mais variadas empresas, ao mesmo tempo em que as próprias empresas conseguem buscar os candidatos ideais para as suas vagas. Além de conseguir uma oportunidade de emprego, outro fator interessante é a possibilidade de realizar *networking* com outros profissionais, facilitando assim o compartilhamento de conteúdos criados pelas comunidades ágeis dentro dessa rede social. Comunidades ágeis utilizam o LinkedIn como forma de compartilhar conteúdos e as atividades que estão sendo realizadas dentro dos seus encontros, para que outras pessoas possam conhecê-las e procurar saber mais como funcionam os eventos e assim fazer parte da comunidade como um novo membro.

Duas mídias sociais muito parecidas para encontrar comunidades ágeis no Brasil independentemente de onde você esteja são o Meetup e a Sympla. O Meetup é uma plataforma americana da empresa WeWork que tem como objetivo fazer com que as pessoas se encontrem e desenvolvam comunidades locais com o foco de aprender coisas novas e realizar *networking* através de encontros presenciais ou remotos. Já a Sympla é uma plataforma e *startup* brasileira que também tem como um dos seus objetivos realizar a conexão entre pessoas através de eventos e que se diferencia pela possibilidade de os criadores de conteúdos e as comunidades disponibilizarem cursos gravados ou ao vivo e até mesmo a monetização desse conteúdo. É possível encontrar muitas comunidades ágeis utilizando algumas dessas plataformas para disponibilizar inscrições para os seus eventos, sejam eles gratuitos ou não.

Outra rede social onde podemos encontrar comunidades ágeis é o Instagram, a plataforma de criação e compartilhamento de conteúdo da Meta, ex-Facebook. Em números atualizados, a última informação que temos da rede social é de 2019, quando existiam mais de 1 bilhão de contas ativas e com 15 vezes mais engajamento quando comparado a outras redes sociais. Inicialmente o objetivo do Instagram era o compartilhamento de fotos com filtros animados ou não e que melhoravam a imagem, por conta da má qualidade das câmeras na época em que a rede social foi criada, em 2010. Após o investimento realizado pela Meta em 2012, o Instagram passou por diversas atualizações e atualmente tem mudado o seu foco para criadores de conteúdo e empresas poderem divulgar suas marcas e produtos. Isso levou ao surgimento das comunidades ágeis também dentro dessa rede social.

Uma das mídias sociais mais utilizadas pelas comunidades ágeis é o Telegram, que foi criado em 2013 e é uma rede social com foco na troca de mensagens entre usuários do mundo inteiro sem que seja necessário que um tenha o contato telefônico do outro disponível dentro do aplicativo. Nele é possível realizar troca de mensagens por texto, voz e vídeo, mas o que chama a atenção é a possibilidade da criação de supergrupos, podendo chegar até 200 mil membros, e também na facilidade de compartilhamento de diversos arquivos, diferentemente do WhatsApp, que possui um limite de 250 membros por grupo e não é possível compartilhar determinados arquivos.

Dentro do Telegram é possível pesquisar um determinado assunto e encontrar milhares de grupos para participar e começar a realizar *networking* com os demais membros. Por exemplo, você pode digitar "Scrum" no campo de pesquisa do aplicativo e aparecerá para você os grupos que possuem "Scrum" no nome ou em conteúdos abordados nas conversas entre os seus membros.

Geralmente o WhatsApp é utilizado quando você já faz parte de uma comunidade e esta não possui tantos membros.

Por fim, existe o Slack, uma plataforma corporativa com o objetivo de troca de mensagens entre os membros de um time de uma empresa, sendo que a organização das conversas e informações apresentadas na plataforma possibilita a conexão e colaboração entre as pessoas. Apesar de ser uma mídia social corporativa, existe a possibilidade da criação de um espaço gratuito no qual qualquer pessoa pode compartilhar. Hoje, a maior comunidade ágil dentro do Slack é a agilidade.org. Qualquer pessoa pode solicitar sua inclusão na comunidade e ter acesso a conteúdos, vagas de trabalho e à possibilidade de fazer *networking* com vários profissionais de destaque.

18.2. Como conquistar uma oportunidade de trabalho através das comunidades ágeis e das mídias sociais?

Não será apenas com a nossa participação durante eventos e realizando *networking* com os demais participantes que será possível conquistar uma oportunidade de trabalho. Percebi, ao longo desses anos de participação ativa, que existem algumas atitudes que me fizeram receber propostas de trabalho de grandes empresas semanalmente até os dias atuais.

18.2.1. Primeira atitude: escolher a comunidade ágil ideal

A primeira atitude é escolher a comunidade ideal para começar a participar, principalmente para entender os assuntos que são debatidos durante os encontros, conhecer os organizadores, os palestrantes e os membros mais ativos.

No Capítulo 14 encontramos mais detalhes sobre como escolher a sua comunidade.

18.2.2. Segunda atitude: participação ativa na comunidade

A segunda atitude, e talvez a mais fácil, é a participação ativa durante os encontros presenciais ou remotos e, também, nas mídias sociais da comunidade da qual escolheu fazer parte. É bem comum que durante os encontros você tenha dúvidas e comece a pesquisar mais e mais sobre os seus novos aprendizados. Sendo ativo na comunidade, você pode e deve compartilhá-los com os demais membros e ajudá-los respondendo a dúvidas que eles possam ter, principalmente se foi algum novo conhecimento que você adquiriu dentro da comunidade.

18.2.3. Terceira atitude: escolher mentores

O ponto-chave (e o mais importante a partir do momento em que você está ganhando conhecimento e experiência profissional através dos meses de participação naquela comunidade) é quando você começa a ter problemas mais complexos e depende da ajuda de uma pessoa com mais experiência.

É fundamental buscar mentores, ou seja, uma pessoa com conhecimento e experiência que irá ajudá-lo a maximizar o seu potencial, a desenvolver novas habilidades e a aprimorar sua performance atual com o objetivo de se tornar um profissional muito melhor.

Ao longo dos anos tive muitas dificuldades sobre o que estudar, sobre tirar ou não certificações e até mesmo quais melhores práticas eu poderia utilizar para facilitar retrospectivas com o meu time. Foi através de mentores informais que conheci dentro das comunidades ágeis que eu consegui entender as melhores soluções para as dúvidas que eu tinha e a importância de colocar em prática toda a teoria que eu estava aprendendo dentro da comunidade.

18.2.4. Quarta atitude: torne-se voluntário

Tornar-se voluntário dentro da comunidade ágil escolhida é a penúltima atitude que você deve ter. Muitos dos organizadores possuem uma carreira profissional agitada e diversos projetos paralelos em andamento, então a maioria precisa de ajuda na facilitação dos encontros e na administração das mídias sociais, ou auxiliando palestrantes e participantes com dúvidas que possam surgir e diversas outras situações que ocorrem nos eventos da comunidade.

Participar de uma comunidade ágil como voluntário trará diversos benefícios para a sua carreira e provavelmente é a atitude que mais o ajudará a encontrar uma oportunidade de trabalho. Eu me tornei voluntário da comunidade *Scrum* Aplicado ao perceber que em suas mídias sociais existiam membros de vários estados do Brasil, inclusive pessoas de outros países, que gostariam de participar dos encontros presenciais, mas não tinham a oportunidade pela distância. Nesse momento, me voluntariei para transmitir os eventos presenciais através do YouTube. Lembro que foi a quinta edição dos encontros presenciais, com o tema "O trabalho de FDP (Fatiar, Descartar e Priorizar) do *Product Owner*", a facilitação do Paulo Sidney e os convidados especiais Tatiana Ottenio e Harley Gomes. Tivemos vários problemas de transmissão que foram solucionados ao longo da experiência que tivemos nos eventos seguintes. Tanto é que em fevereiro de 2019 realizamos um encontro presencial com o tema "Como trabalhar ágil em times remotos", com a participação do Daniel Carrilho, direto de Portugal, da Izis Filipaldi na Alemanha e aqui no Brasil, de forma presencial, estavam a Gabriela Corrêa e o Thiago Fernandes, além de várias pessoas assistindo presencialmente e de forma remota em suas casas. Nessa época o trabalho remoto estava começando a se destacar no Brasil e fomos a primeira comunidade ágil em nosso país a ter convidados especiais em locais diferentes do mundo falando sobre as vantagens e dificuldades do trabalho remoto.

A partir do momento em que me tornei voluntário de uma comunidade ágil, comecei a ganhar experiência e conhecimentos que eu jamais pensaria ter. Tornar-se um *Scrum Master* não é só conhecer o *Scrum Guide* e facilitar os eventos ali descritos. Quando você não tem conhecimento prático, tornar-se voluntário de uma comunidade ou um projeto social pode ser uma solução para você colocar o seu aprendizado na prática e ter a experiência que tanto procura. Mas lembre-se: tornar-se voluntário dentro de uma comunidade significa que você terá diversos deveres e atividades que deverão ser cumpridos para a organização dos encontros, sendo eles presenciais ou não. Caso você não tenha disponibilidade ou está pensando em se tornar voluntário apenas para agradar os recrutadores, desista agora mesmo.

18.2.5. Quinta atitude: compartilhe com o mundo

A última atitude que você deve ter é compartilhar todo o aprendizado que teve durante esse período na comunidade. Muitas pessoas não possuem oportunidade de participar dos encontros presenciais ou remotos e algumas das comunidades preferem não disponibilizar as gravações dos encontros. Sabendo disso, faça anotações sobre o que você está aprendendo durante esses encontros, faça resumos, mapas mentais ou até mesmo vídeos sobre os temas que foram discutidos nos encontros, para que qualquer pessoa que veja aquele conteúdo entenda até mesmo os assuntos mais complexos.

Você não precisa criar uma página no Instagram e no LinkedIn ou criar um canal no YouTube para compartilhar os conteúdos que aprendeu na comunidade ágil, nem precisa ser um especialista em criação de conteúdo e tentar criar algo profissional. Comece compartilhando um texto no seu LinkedIn com um resumo do que foi o encontro, o que foi discutido e o que você aprendeu com as pessoas que estavam ali presentes. Muitas pessoas e recrutadores dão mais atenção para as atitudes simples e sinceras do que se você tentar se passar por algo que não é. Como falei anteriormente neste capítulo, o LinkedIn é a principal mídia social profissional do mundo. Se você está buscando uma oportunidade de trabalho, é por lá que deve começar a compartilhar seu aprendizado.

É importante que, além dos aprendizados dos encontros das comunidades ágeis, você também compartilhe como aplicou de forma prática todo aquele conhecimento – até porque os recrutadores lhe darão muito mais atenção se, além da teoria, você estiver implementando essas novas habilidades na prática, mesmo que seja em questões pessoais da sua vida e não profissionais, caso não esteja trabalhando no momento.

Aprendeu sobre o *framework Scrum* na comunidade? Aplique algo da teoria na prática e compartilhe no seu LinkedIn como foi essa aplicação, quais foram os seus desafios e como você conseguiu solucioná-los. A partir dessa simples atitude você será muito mais visto pelos recrutadores e surgirão oportunidades que você nunca imaginou na vida, assim como as que eu recebo frequentemente.

18.2.6. Já conheci todas as atitudes, e agora?

Agora é o momento de agir. Ao responder às perguntas iniciais e identificar a comunidade ágil ideal para integrar, passe a segui-la em todas as mídias sociais em que ela esteja presente e os seus organizadores também. É muito comum que ocorram divulgações frequentes de vagas de trabalho e você não pode perder essa oportunidade, principalmente porque muitos recrutadores estão presentes divulgando suas vagas.

Não se esqueça de manter as suas mídias sociais profissionais atualizadas, seguir as empresas que são do seu interesse e participar de grupos de discussões e debates referentes aos temas pertinentes à vaga que está buscando. Ao participar de uma comunidade, produza conteúdo sobre aquilo que está aprendendo, inclua os trabalhos voluntários que está realizando nas comunidades ágeis e interaja muito com as suas conexões e com os membros da comunidade.

Tenha em mente que, além do conhecimento e da troca de experiência com profissionais que estão há mais tempo que você no mercado, uma comunidade ágil também serve para lhe dar a oportunidade de ingressar na área ou realizar uma transição de carreira. Diversas empresas patrocinam eventos organizados por comunidades com o objetivo de não apenas divulgar a sua marca e os produtos, como também de encontrar profissionais capacitados e dedicados, já que sabem que os membros de uma comunidade ágil dedicam muito tempo aos estudos e estão aprendendo na prática através da experiência de outros grandes profissionais.

Outra maneira de receber as melhores vagas de trabalho, além do *networking*, é a participação em grupos de vagas no Telegram. Eu mesmo, em conjunto com a Daniela Santos, uma recrutadora especialista na contratação de profissionais da área da tecnologia, criamos um grupo chamado "Tech & Agile & Recruiter" com o objetivo de conectar profissionais das áreas de tecnologia, agilidade e recrutamento para colaboração, *networking*, troca de experiência e divulgação de vagas. Atualmente o grupo já se encontra com mais de mil pessoas compartilhando vagas, cursos e conteúdos relacionados a diversos temas profissionais. Você consegue acessar e fazer parte desse grupo através do QR *code* a seguir.

Figura 18.1. QR *code* para acesso ao grupo "Tech & Agile & Recruiter" (Telegram).
Fonte: o autor.

Até 2025 existe uma previsão de mais de 800 mil vagas serem abertas no setor de tecnologia no Brasil, sendo que atualmente existem diversas delas abertas, seja em pequenas empresas ou nas gigantes do setor.

Agora que você já sabe quais são as principais mídias sociais onde pode encontrar sua comunidade ágil ideal e quais atitudes deve ter para conseguir uma oportunidade de trabalho, coloque na prática todos os conhecimentos que adquiriu neste capítulo e no livro.

Esteja preparado para todas as oportunidades que possam surgir, dedique-se de coração e alma à comunidade ágil que você escolheu e busque cada vez mais colocar em prática aquela teoria que está aprendendo com os membros da comunidade. Não se esqueça: uma comunidade ágil e as suas mídias sociais não estão ali apenas para você ter novos amigos ou aprender assuntos que nunca viu na vida; ela é uma ferramenta que pode ajudá-lo a conquistar aquela oportunidade de trabalho que nunca imaginou.

19. A importância da reputação

Isabela Gayno
Myrian Pedroni

Reputação é tudo que as pessoas conhecem de uma **MARCA**: "o que falam sobre um determinado produto ou serviço".

Em nossas profissões não é diferente. Nossa marca pessoal diz muito sobre o nosso potencial, sobre futuras parcerias, sobre conquistar aquela vaga ou promoção tão esperada. Alguns entrevistadores observam que a reputação tem tudo a ver com como as pessoas "fazem o que falam", ou seja, congruência, gerando "crescimento sólido em suas profissões".

Segundo estudo denominado "Global RepTrack 100" (REPUTATION INSTITUTE, 2022):

> *Uma marca autêntica é aquela que decide ser transparente e consistente em suas mensagens e iniciativas de branding. Tem valores de negócios aos quais permanece fiel e, mais essencialmente, é honesto.*

Ao falar sobre reputação, é preciso pensar na estratégia em vez de reagir às consequências.

Aqui está um segredo: sua reputação não é construída por acaso. Ela vem de avaliações, comentários e conversas entre conexões. Você precisa ter certeza de que sua marca é apresentada sob a luz certa.

19.1. Por que a autenticidade da sua marca pessoal é crucial para conquistar oportunidades?

Uma pessoa autêntica é aquela que decide ser transparente e consistente em suas mensagens e iniciativas de *branding*. Permanece fiel aos seus valores e, mais essencialmente, é honesto.

Você sabe o que pode acontecer quando um potencial parceiro ou uma empresa não confia em uma marca – quando eles não acham uma marca autêntica? Eles geralmente começam a ignorar ou procurar novas oportunidades (marcas) em que possam confiar.

19.2. Como construir a autenticidade da marca?

Consistência é a prática de transmitir mensagens que estejam em sincronia com a identidade e os valores da sua marca.

É fácil criar *blogs*, e-mails, *e-books* e outros conteúdos digitais para alcançar nossos clientes nessa era digital. Quando as ideias para esse conteúdo digital passam por um ciclo desde o conceito até a conclusão, fica um desafio examiná-las tão completamente quanto se gostaria.

O resultado é muitas vezes mensagens inconsistentes e uma marca aberta a diferentes interpretações. A consistência, portanto, é um fator crucial para a construção de uma marca autêntica.

Por quê?

Dar mensagens inconsistentes aos seus clientes pode levar à desconfiança e à suspeita, porque fica difícil determinar qual lado do seu rosto é real.

19.3. Como você pode construir a consistência da sua marca pessoal?

Desenvolva as diretrizes da sua marca de forma a estar alinhada com a visão e a missão da sua carreira. Certifique-se de que as interações com sua rede de conexão incorporem a confiabilidade sobre sua pessoa. Aborde conteúdo relevante (tanto *offline* quanto *on-line*) tendo em mente a consistência da sua marca pessoal.

Seja congruente em todos os canais. Autenticidade e honestidade andam de mãos dadas.

Um estudo discutido na *Harvard Business School* (KUMAR *et al.*, 2012) reforçou que clientes preferem empresas que valorizam abertura, relevância, empatia, experiência e emoção. Essas são todas as qualidades que significam honestidade em uma marca.

19.4. Como você administra sua própria carreira?

- ✓ **Desenvolva um plano de aspirações de carreira de longo prazo:** é importante sempre buscar um objetivo.
- ✓ **Tenha autoconhecimento:** autoconhecer-se é relevante para conseguir traçar metas de maneira eficiente.
- ✓ **Divida o plano em itens de ação de curto prazo:** reavalie suas metas periodicamente.
- ✓ **Não fuja das oportunidades, independentemente do desconforto:** nunca diga que não sabe, ou que não fará algo por não ser sua função. Tenha "paixão pelo aprendizado para poder sempre continuar a crescer" – essa é uma das chaves da gestão pessoal.
- ✓ **Use ferramentas e recursos:** invista na comunicação. O boca a boca nas redes sociais permite que você construa relacionamentos com pessoas de sua área e possíveis empregadores.
- ✓ **Toque seus colegas de forma eficaz:** transmitir boa imagem é tão essencial quanto executar sua função com competência. Conforme Mário Persona (s.d.), "marketing pessoal é o conjunto de ações e atitudes que um profissional adota visando revelar e evidenciar o que ele tem de melhor ao mercado".

Entenda a sua cultura e alinhe seus valores aos valores da empresa onde deseja trabalhar.

19.5. Alguém se importa com o propósito?

Qualquer pessoa que se conecte ao seu propósito o faz.

Profissionais de recrutamento que tenham compromisso com o resultado da empresa vão dedicar todo seu tempo de pesquisa para trazer colaboradores em quem possam acreditar e recomendar sem hesitação a outras pessoas.

19.5.1. Ser real

Ser real significa decidir o propósito da sua vida, da sua carreira e o que é importante para ela, além de garantir que isso ressoe em tudo o que você faz.

Você deve incluir o propósito em sua estratégia revisitando as raízes de sua vida e se fazendo algumas perguntas cruciais:

- ✓ Quem é você?
- ✓ Aonde você quer chegar?
- ✓ O que você representa?
- ✓ Por que as pessoas procuram você?

19.5.2. Envolva-se em conversas e *networking*

Envolver sua rede de *networking* e *prospects* em conversas é extremamente importante.

Comunicar não significa apenas informá-los, também é desenvolver um diálogo de mão dupla com os potenciais parceiros. Isso facilita a construção de uma boa MARCA no mercado.

Quem não é visto não é lembrado. Isso é o que você deve fazer para ser lembrado:

- ✓ Esteja onde seus potenciais parceiros podem entrar em contato com você (eventos, plataformas, comunidades etc.)
- ✓ Compartilhe notícias com temas relevantes.
- ✓ Busque *feedback*.
- ✓ Procure pontos de dor.
- ✓ Responda a perguntas.
- ✓ Faça perguntas certas.
- ✓ Escute.
- ✓ Valorize suas opiniões.

19.6. Conclusão

Construir a autenticidade da marca é descobrir o que você representa.

Você pode começar a trabalhar em direção à autenticidade perguntando a si mesmo se seu trabalho é fiel ao que os interessados esperam de você.

20. LinkedIn

Patricia Sirvarolli

Dicas rápidas para se posicionar na rede e ser encontrado por recrutadores na maior plataforma de *networking* profissional do mundo.

Há quem acredite que uma carreira bem-sucedida e repleta de propósito é um privilégio destinado a pouquíssimos profissionais. Afinal, trabalhar com o que realmente faz nosso coração pulsar é um grande golpe de sorte, certo?

Caro leitor, eu venho lhe trazer uma notícia que pode servir como uma injeção de ânimo para a sua carreira. A grande verdade é que o parágrafo anterior não passa de uma crença limitante que insiste em povoar o imaginário de milhares de profissionais que estão convencidos a se manter na zona de conforto – mesmo após décadas de insatisfação e reclamações.

Migrar de carreira é, definitivamente, algo desafiador para quem se arrisca a desbravar um mundo de novas oportunidades. Mesmo diante de tantas incertezas, o preço a se pagar pela inércia e pelo comodismo pode ser infinitamente superior se fizermos uma análise de longo prazo.

Antes de entrarmos de fato no assunto deste capítulo, é imprescindível que você entenda as nuances que compõem o que chamamos de mundo BANI (*Brittle, Anxious, Nonlinear and Incomprehensible* – frágil, ansioso, não linear e incompreensível).

Imagine como era a sua rotina pouco antes da pandemia. Sem dúvida, você estava acostumado a acordar cedo, tomar banho e se preparar para iniciar mais um dia enfrentando o transporte lotado e o estresse do trânsito nas grandes cidades.

Em março de 2020, o conceito de *home office* passou a ser adotado por grande parte das empresas como uma medida preventiva mediante o avanço dos casos de

COVID-19. Segundo a pesquisa global CEO Outlook 2020, realizada pela consultoria KPMG (2020), 67% dos executivos ouvidos afirmaram que a digitalização das operações teve avanços que colocaram o negócio meses e até anos à frente do que eles esperavam.

Responder a mudanças mais que seguir um plano. De todos os pontos citados no Manifesto Ágil, este é o que mais me chamou a atenção logo que eu comecei a estudar o *framework Scrum*.

Quem – em sã consciência – consegue seguir um plano em meio a um cenário caótico como o que estamos vivendo? Não estou falando que você deve rasgar seus planos e entrar no modo "deixa a vida me levar". Isso não seria nada prudente da minha parte.

O que eu quero trazer neste capítulo é uma reflexão sobre uma habilidade que parecia extinta até pouco tempo atrás: a adaptação. E qual seria o lugar mais indicado para acompanhar de perto essas mudanças drásticas que a pandemia nos trouxe? O LinkedIn, é claro!

A rede foi criada no ano de 2002 nos Estados Unidos, e desde o início de suas operações já possuía um objetivo muito claro: conectar profissionais de diferentes áreas e permitir que essas pessoas compartilhassem experiências, conhecimentos e oportunidades de negócio.

Em 2010, a equipe do LinkedIn abriu o primeiro escritório em terras tupiniquins – inaugurando um ambicioso plano de expansão na América Latina. Hoje, o LinkedIn é considerado a maior rede social profissional do mundo, com mais de 700 milhões de usuários em mais de 200 países.

Antes de qualquer pré-julgamento, caro leitor, eu preciso dizer: não, o LinkedIn não é mais uma modinha passageira no grande oceano de redes sociais que surgem a cada ano. Ele é uma ferramenta essencial para quem busca se manter competitivo e atualizado no mercado de trabalho.

Seja você um profissional que busca uma mudança de área, um empreendedor que busca novos clientes ou alguém que busca uma nova oportunidade de emprego, o LinkedIn pode ser um aliado poderoso nesse processo.

Seu perfil do LinkedIn é a sua vitrine *on-line* para o mundo profissional. É a primeira impressão que as pessoas terão de você, e pode ser um grande trunfo para sua transição de carreira se estiver completo e atraente. Para criar um perfil vencedor, você precisará de:

- ✓ **Uma foto de perfil profissional:** uma foto que mostre seu rosto e que seja de alta qualidade.
- ✓ **Um título profissional claro e atraente:** seu título profissional deve mostrar a sua área de atuação e suas principais habilidades.
- ✓ **Um resumo profissional:** um resumo que destaque suas principais realizações, *hard skills* e *soft skills*, além de seus objetivos de carreira.
- ✓ **Seções de experiência e educação completas:** suas seções de experiência e educação devem estar completas e bem escritas, destacando suas responsabilidades dentro da organização, bem como sua formação.
- ✓ **Habilidades e recomendações:** não se esqueça de adicionar habilidades relevantes para sua área de atuação. Dica extra: peça recomendações de pessoas com quem você trabalhou. Depoimentos sinceros ganham pontos na visão dos recrutadores.

20.1. Usando o LinkedIn para navegar em sua transição de carreira

Uma das principais vantagens de usar o LinkedIn para transição de carreira é a possibilidade de desenvolver sua marca pessoal.

Uma marca pessoal é a maneira como você se apresenta profissionalmente para o mundo. É como você é percebido pelos outros e a imagem que você projeta – sobretudo para os recrutadores.

Antes de começar a desenvolver sua marca pessoal no LinkedIn, é importante identificar suas habilidades e seus pontos fortes únicos. Alguns métodos para identificar sua marca pessoal incluem:

- ✓ **Identificar *feedbacks*:** pergunte a seus colegas, amigos e familiares quais são suas principais habilidades e seus pontos fortes. Peça recomendações e depoimentos sinceros.
- ✓ **Análise do mercado:** pesquise os perfis de profissionais em sua área de atuação e identifique as habilidades que são mais valorizadas na hora da contratação.

20.2. Construindo sua marca pessoal no LinkedIn

Depois de identificar sua marca pessoal, é hora de começar a construir sua presença no LinkedIn de maneira consistente e estratégica:

- ✓ **Crie um perfil completo:** um perfil completo e bem escrito é essencial para construir uma marca pessoal forte no LinkedIn.
- ✓ **Destaque suas habilidades e experiências:** ressalte suas principais habilidades e experiências em seu perfil, para que as pessoas possam ver rapidamente o que você tem a oferecer.
- ✓ **Compartilhe conteúdo relevante em sua área de atuação:** esta é, sem dúvida, a maneira mais rápida de estabelecer sua autoridade e construir sua marca pessoal.

20.3. Criando conteúdo relevante

Criar e compartilhar conteúdo relevante é uma das melhores maneiras de desenvolver sua marca pessoal no LinkedIn. Você mostra sua experiência em sua área de atuação e pode se destacar como líder nessa rede que conquista cada vez mais o coração dos brasileiros.

Para ajudá-lo nessa missão tão importante, resolvi compartilhar quatro dicas imprescindíveis para a criação de um conteúdo memorável no LinkedIn:

- ✓ **Escolha tópicos relevantes para a sua área de atuação:** defina tópicos que possam ser úteis para o crescimento profissional da sua rede de contatos.
- ✓ **Publique material de alta qualidade:** crie conteúdo que seja informativo, útil e bem escrito. Procure incluir imagens e gráficos para quebrar a monotonia da comunicação.
- ✓ **Use sua própria voz:** escreva com personalidade e fuja de bordões e clichês. Isso ajudará a construir sua marca pessoal.
- ✓ **Distribua seu conteúdo:** compartilhe seu conteúdo em grupos relevantes e em sua rede de contatos.

Para que você entenda o poder do compartilhamento de conteúdo com a sua rede, vou contar uma história que aconteceu comigo no ano de 2021. Eu estava a pleno vapor no meu objetivo de transição de carreira para *Scrum Master* quando, de maneira despretensiosa, deparei com um artigo em um grande portal de notícias que falava sobre as competências exigidas do profissional do futuro.

Achei aquele conteúdo extremamente interessante e, após uma breve análise, decidi que iria reescrever aquilo com as minhas próprias palavras. Afinal, nada melhor do que uma pitada de tempero para deixar um conteúdo com uma cara nova.

No dia 10 de fevereiro de 2021, apertei o botão "Publicar" e compartilhei com centenas de pessoas a minha visão sobre as competências do profissional do futuro. Logo na primeira hora de postagem, levei um grande susto: mais de 30 pessoas já haviam curtido o meu conteúdo de maneira orgânica.

As próximas semanas superaram toda e qualquer expectativa que eu tinha: mais de 802 curtidas, 65 comentários e cerca de 90 compartilhamentos. Eu sinceramente achei que o LinkedIn havia travado com tantas notificações!

A verdade é que você não precisa ser um escritor famoso para criar um conteúdo que realmente se conecte com os interesses da sua rede de contatos. Tudo o que você precisa fazer é aumentar seu repertório de assuntos e dar um toque de personalidade aos artigos ou postagens que você compartilhar no seu perfil.

20.4. Usando palavras-chave

Palavras-chave descrevem habilidades e áreas de atuação relevantes para a sua carreira. Ao usar palavras-chave em seu perfil do LinkedIn e em seu conteúdo, você pode aumentar significativamente a sua visibilidade para recrutadores e outras pessoas que são consideradas referências no seu mercado.

Algumas dicas para usar palavras-chave a seu favor no LinkedIn incluem:

- ✓ **Pesquise palavras-chave relevantes:** faça uma pesquisa de palavras-chave relevantes em sua área de atuação e acrescente-as em seu perfil e em seu conteúdo. Tome cuidado para não exagerar na quantidade!
- ✓ **Inclua palavras-chave em seu perfil:** apresente palavras-chave relevantes em seu título profissional, no resumo e nas seções de experiência e educação.
- ✓ **Use palavras-chave em seu conteúdo para aumentar sua visibilidade:** quanto mais palavras relevantes você conseguir encaixar, melhor.

20.5. Fazendo conexões estratégicas

Fazer conexões estratégicas é uma das melhores maneiras de construir uma rede de contatos forte no LinkedIn. Ao fazer conexões de maneira planejada, você pode criar proximidade com pessoas em sua área de atuação que certamente serão de extrema importância para o seu processo de transição de carreira.

Para criar essas conexões estratégicas, é essencial que você foque em alguns pilares fundamentais:

- ✓ **Pesquise conexões em sua área de atuação:** procure pessoas em sua área de atuação e envie convites para fazer conexões relevantes.
- ✓ **Envie uma mensagem personalizada:** inclua um texto personalizado ao enviar um convite para se conectar. Isso ajudará a iniciar uma conversa e a desenvolver um relacionamento de maneira genuína.
- ✓ **Seja seletivo:** busque ser cauteloso ao escolher as pessoas com quem você se conecta e foque em fazer conexões estratégicas que possam ser úteis para sua transição de carreira.

20.6. Pesquisando vagas no LinkedIn

Quando completei 18 anos, resolvi que já era hora de começar a trilhar os primeiros passos rumo à carreira que eu havia escolhido. O ano era 2010 e, por mais que o LinkedIn já fosse conhecido em outros países, no Brasil ele ainda estava engatinhando.

Na época, fiz o que qualquer profissional estava acostumado a fazer: imprimi algumas cópias do meu currículo, me candidatei a algumas vagas no famoso InfoJobs e comecei a ser chamada para as primeiras entrevistas.

Hoje, olhando essa situação, confesso que teria feito tudo diferente se o LinkedIn fosse uma rede mais difundida aqui no Brasil. O currículo em papel daria lugar ao perfil profissional e as entrevistas presenciais poderiam ser resumidas a uma breve reunião no Zoom ou no Google Meet.

O fato é: se você está pensando em fazer uma transição de carreira bem-sucedida, não existe ferramenta mais indicada do que o LinkedIn para ajudá-lo a encontrar vagas relevantes para a sua área de atuação. Alguns dos recursos que o LinkedIn oferece incluem:

- ✓ **Pesquisa de vagas:** a pesquisa de vagas no LinkedIn permite que você busque por palavra-chave, localização e outras opções de filtro.
- ✓ **Alertas de emprego:** você pode configurar alertas de emprego para receber notificações por e-mail quando forem postadas novas vagas que correspondam às suas preferências.
- ✓ **Página de carreiras de empresas:** muitas organizações têm páginas de carreiras no LinkedIn que listam vagas abertas.

20.7. Candidatando-se a vagas no LinkedIn

Depois de encontrar uma oportunidade que dê um *match* com os seus objetivos profissionais, é importante se preparar adequadamente para maximizar suas chances de sucesso. Confira algumas recomendações valiosas que vão ajudá-lo a conquistar a tão sonhada vaga na transição de carreira:

- ✓ **Personalize seu currículo:** altere seu currículo de acordo com cada vaga específica, destacando sua experiência e suas habilidades relevantes.
- ✓ **Escreva uma carta de apresentação:** elabore uma carta de apresentação personalizada para a vaga, destacando sua motivação e seu interesse na empresa. Faça uma pesquisa prévia para entender os principais diferenciais da organização.
- ✓ **Conecte-se com o recrutador:** se você puder identificar o recrutador responsável pela vaga, envie uma mensagem personalizada para se conectar e iniciar uma conversa. Não vá com muita sede ao pote para não transformar sua proatividade em inconveniência!
- ✓ **Prepare-se para a entrevista:** se você for convidado para uma entrevista, prepare-se adequadamente para demonstrar sua experiência e suas habilidades. Utilize o site Glassdoor para encontrar as principais perguntas feitas aos profissionais que já fizeram entrevistas para a área ou a vaga que você deseja.

Eu poderia passar horas falando sobre essa ferramenta que me abriu tantas portas, mas acredito que consegui plantar uma sementinha de curiosidade no seu imaginário. O LinkedIn é um recurso valioso para aqueles que estão em busca de uma oportunidade que traga realizações a nível profissional e pessoal, e encontrar uma empresa que tenha *fit* com os nossos valores é uma missão um tanto quanto árdua.

Através da rede, é possível conectar-se com profissionais de diferentes setores, encontrar vagas de emprego, expandir sua rede de contatos e até mesmo criar oportunidades de negócios.

No entanto, vale lembrar que o LinkedIn é apenas uma parte do processo de transição de carreira e não deve ser visto como a bala de prata que resolverá todos os problemas em um passe de mágica.

É fundamental ter um plano bem estruturado, habilidades e conhecimentos relevantes para a nova área de atuação, além de perseverança e dedicação para alcançar seus objetivos. Com a combinação desses elementos e o uso inteligente do LinkedIn, é possível encontrar novas oportunidades de carreira e alcançar o sucesso profissional muito antes do que você imagina!

21. A importância de estar preparado para a entrevista de emprego

Gabriel Vaz
Simone Elaine Lopes Santana

Uma entrevista de emprego consegue deixar apreensivo e ansioso até mesmo o mais qualificado e experiente dos candidatos. E se você foi chamado para uma entrevista de emprego, provavelmente é porque a empresa gostou do seu perfil para aquela vaga específica e enxergou algum potencial em você. Por isso é tão importante mandar bem nesse momento, e o sucesso da sua entrevista depende da qualidade da sua preparação.

Estar preparado para a entrevista de emprego o ajudará a ter mais controle emocional e a minimizar a insegurança e os riscos que podem descartá-lo já no início do processo seletivo, ainda mais em um momento de transição de carreira para outra área.

Vários aspectos entram em jogo, como o modo como você se comporta, se comunica ou se veste, a iluminação do seu rosto no caso de uma entrevista virtual – tudo isso será observado durante a entrevista. Redobrar a atenção quanto a esses pontos é a chave para se preparar, driblar a insegurança e garantir uma chance de aprovação, ou de estar entre os possíveis candidatos para preencher a vaga.

21.1. Faça sua lição de casa antes da entrevista

Uma questão que frequentemente aparece nas entrevistas é "**por que você quer trabalhar aqui**"? Pode parecer uma perguntinha simples e boba, mas por trás dela existe a vontade de a empresa encontrar profissionais com valores alinhados aos seus.

Para responder, você **tem de fazer a lição de casa e pesquisar tudo o que puder sobre a empresa**, desde o setor em que ela atua, suas características de gestão, seus dados financeiros, seus desafios, seus concorrentes etc. Use as redes sociais, especialmente o LinkedIn e a sua rede de contatos, para pesquisar sobre a empresa e sobre o entrevistador. Pesquise a empresa e veja o que funcionários, consumidores e clientes falam sobre ela.

Você pode **ter uma boa ideia dos tipos de perguntas que serão feitas** sobre a empresa, ou até mesmo descobrir que uma pessoa que você conhece trabalha lá. Gaste algum tempo analisando as avaliações da empresa, relatórios salariais relacionados aos cargos, avaliações de entrevistas e **pense quais perguntas poderão fazer para uma vaga de *Scrum Master*.**

Recrutadores e profissionais de outras áreas que trabalham na empresa o entrevistaram e já sabem minimamente o seu histórico profissional: viram o seu currículo no LinkedIn ou no cadastro para a vaga preenchido por você, analisaram os resultados dos seus testes e pesquisaram sobre você, ou seja, fizeram a lição de casa. É importante você também fazer a sua.

É na entrevista que está o contato humano. É nela que a pessoa recrutadora poderá conhecê-lo mais a fundo como profissional e pessoa, conseguirá avaliar o seu tom de voz, personalidade, comportamentos, perceberá a maneira como você conta a sua história etc. É nessa etapa que você deve "encantar" o recrutador e mostrar por que você merece fazer parte da empresa e que possui os conhecimentos necessários para atuar como *Scrum Master*.

Somente na entrevista é possível demonstrar sua empolgação pelo propósito da organização, analisar a forma como você se comunica e como você fala sobre ex-colegas de trabalho e projetos.

Portanto, treine e pesquise bastante para se preparar para esse momento. Tenha autoconhecimento (a vaga está de acordo com o seu propósito de trabalho?), estude muito sobre a empresa e sobre os requisitos mencionados na descrição da vaga de emprego, para que você consiga argumentar sobre os motivos que fazem com que você seja a escolha certa para a vaga.

21.2. Perguntas que podem ser feitas

Entrevistas de emprego podem ser difíceis. Antecipar algumas perguntas desafiadoras podem ajudá-lo a estar mais preparado para respondê-las e poderá deixá-lo mais à vontade no momento da entrevista.

21.2.1. Fale-me sobre você

Esta é a sua oportunidade de falar resumidamente sobre a sua experiência profissional, de criar relacionamento e dar ao entrevistador uma visão geral de seu perfil. Seja conciso (não fique mais do que cinco minutos falando de você). A entrevista é uma mão de via dupla: dê oportunidade para o entrevistador perguntar mais detalhes sobre a sua trajetória, e cuidado para não virar um monólogo já no início da entrevista. Concentre-se em falar de forma resumida o que você sabe sobre as necessidades do empregador, sobre os requisitos da vaga, sobre os últimos cargos em que trabalhou no papel de *Scrum Master* ou com alguma relação com o cargo e lembre-se das informações que pesquisou anteriormente sobre a empresa.

Se for uma entrevista para uma vaga que precise de mais experiência, não deixe de falar sobre você, mas foque mais na sua trajetória profissional, citando pelo menos **três experiências mais relevantes da sua carreira que possuam algum tipo de relação com as atitudes esperadas de um *Scrum Master*.** Por exemplo: colaborar com o desempenho do time, remover impedimentos para o progresso do time ou do projeto, resolver conflitos e problemas complexos da empresa, acompanhar a produtividade do time, ajudar o *Product Owner* ou gestor na definição de priorizações, apoiar o time, garantir a frequência de entregas e de melhoria contínua etc.

Mesmo que você esteja sob pressão, nervoso ou ansioso, **tente ser você mesmo** na conversa com o entrevistador. Somente se você se colocar de forma genuína, autêntica e verdadeira é que será lembrado pela sua individualidade.

Não minta se você não possui nenhuma experiência na área. **Fale sempre a verdade** – depois, no dia a dia, você terá de sustentar o conhecimento e a prática que diz ter. Responda às perguntas com sinceridade e franqueza, mas não cometa os famosos "sincericídios"[4], dizendo coisas que possam prejudicá-lo – afinal, o entrevistador perguntará o que realmente é indispensável para a posição. Não faça comentários depreciativos sobre seus empregadores atuais ou anteriores, pois imagine o que o recrutador vai pensar sobre o comentário negativo ou sobre esse comportamento de falar mal de uma empresa onde você era funcionário.

---

[4] Neologismo criado a partir da junção da palavra sinceridade com o sufixo "cídio", que está ligado à ideia de morte. Trata-se de um trocadilho usado, de forma exagerada e bem humorada, para se referir aos perigos da sinceridade excessiva. Fonte: IBC (s.d.)

21.2.2. Você possui alguma certificação? Quais?

Para quem está começando na área é muito importante possuir uma certificação do tipo *Professional Scrum Master* (PSM I), da Scrum.org, ou *Certified Scrum Master* (CSM), da Scrum Alliance, que demonstra que você possui um certo nível de conhecimento no assunto.

A certificação PSM da Scrum.org possui uma credibilidade muito grande, pois foi desenvolvida pelo cocriador do *Scrum*, Ken Schwaber.

A Scrum Alliance foi a primeira organização a oferecer um programa de certificação para o *Scrum* e a *Certified Scrum Master* (CSM) é a primeira certificação conhecida.

Qual é a melhor certificação? Não existe a "melhor". A sua escolha depende do que espera da certificação e de quais são os seus objetivos pessoais. Para maiores informações sobre as diferenças entre as certificações CSM e PSM I, consulte o nosso Capítulo 12.

A grande maioria dos "processos de busca de profissionais" é realizada pelo RH das empresas, ou por ATS[5] (*Applicant Tracking System*) de empresas especializadas em recrutamento e seleção, que têm priorizado aqueles com certificações como uma forma de selecionar e "filtrar" os melhores candidatos. Por exemplo: empresas podem utilizar o robô ATS no LinkedIn para realizar um filtro de quem possui certificação PSM I ou CSM.

Não possuir certificação PSM ou CSM ou qualquer outro tipo de requisito ou *soft skill*[6] pode ser eliminatório para uma possível entrevista para o cargo de *Scrum Master*. Claro que não é garantia de emprego, mas pode colocar você à frente em uma seleção quando o robô realizar um filtro de busca por candidatos que já possuam alguma certificação de *Scrum Master*.

O LinkedIn é a maior rede profissional utilizada pelos recrutadores no mundo, e o seu currículo lá deve estar sempre atualizado com as principais informações sobre

---

[5] ATS – *Applicant Tracking System*: sistema de rastreamento de candidatos. É um aplicativo de software que permite o tratamento eletrônico "filtro/seleção" das necessidades de recrutamento e de contratação.

[6] As *soft skills* são, em linhas gerais, as habilidades comportamentais que um indivíduo possui na condução de suas atividades diárias. Ou seja: elas estão diretamente ligadas à forma como lidamos com as pessoas ao nosso redor.

a sua trajetória profissional e também com a lista de certificações que você possui relacionadas ao mundo da agilidade. Por exemplo: **PSM I** (*Professional Scrum Master*), **CSM** (*Certified Scrum Master*), **KMP I** (*Kanban Management Professional* pela *Kanban University*), cursos relacionados a ***Management* 3.0**[7], **SSM** (*SAFe*[8] *Scrum Master*) etc.

Mas se você ainda não possui uma certificação, o que o recrutador na entrevista perguntará para você? Por exemplo, ele poderá fazer perguntas específicas sobre o *framework Scrum*, sobre alguma experiência relacionada ao assunto ou até mesmo sobre **"o que um *Scrum Master* faz?"**. Importante ressaltar que você tem conhecimento dessas certificações e que no momento ainda não foi priorizado no seu *backlog* profissional.

Estude os temas relacionados ao cargo. Faça parte de comunidades ágeis, de grupos de WhatsApp e de Telegram. Isso possibilitará o contato, a obtenção de dicas e o *networking* com quem já trabalha na área. Você poderá ter acesso a várias palestras e discussões relevantes sobre o dia a dia de um *Scrum Master*.

21.2.3. Qual a sua pretensão salarial?

Uma das perguntas que os recrutadores irão fazer é a sua pretensão salarial como *Scrum Master* e qual foi o seu último salário no último emprego. Então pesquise antes o salário do cargo para entender o valor de mercado e mencione uma média de acordo com o que a maioria das empresas está pagando.

As informações sobre salários podem estar desatualizadas na internet e podem variar dramaticamente em qualidade e precisão. Há um motivo para isso: as informações sobre salários são um ponto de dados competitivo para as empresas, e é por isso que elas não disponibilizam tais informações de forma aberta e pública. Ao avaliar os dados salariais, certifique-se de que estejam atualizados e de que tenham sido coletados por uma fonte confiável.

---

[7] *Management* 3.0 é uma abordagem inovadora de gestão que envolve o foco nas pessoas para otimizar o sistema, priorizando a forma como essas pessoas se comportam e se relacionam. Ele dá ênfase na autonomia e no autogerenciamento de equipes para gerar resultados de forma ágil e mais produtiva, em oposição ao foco em cargos e hierarquias, oferecendo ferramentas e dinâmicas práticas para promover e facilitar essa mudança.

[8] *Scaled Agile Framework* (SAFe®) é um modelo, baseado em *Scrum*, XP e *Lean*, que requer muita experiência de campo de atuação para a implementação de práticas ágeis em grande escala. O SAFe® oferece um roteiro e apresenta as melhores práticas para a adoção do método ágil em escala empresarial.

#Fica a dica: a plataforma Glassdoor é gratuita e pode ser acessada mediante um rápido cadastro. É um site que está no mercado há algum tempo e que seria confiável para esse tipo de pesquisa salarial. São os próprios funcionários que preenchem de forma sigilosa as informações sobre os "prós e contras" de se trabalhar em uma determinada empresa, incluindo uma estimativa de faixa salarial em um cargo júnior, pleno, ou sênior como *Scrum Master*.

Outras perguntas que podem ser feitas para você:

1. Por que você quer trabalhar na nossa empresa?
2. O que você nos pode oferecer (que outros candidatos não podem)?
3. O que você sabe sobre nossa empresa?
4. Fale sobre algum projeto do qual participou.
5. Quais são seus pontos fortes?
6. Quais são seus pontos fracos? (os recrutadores desejam descobrir se você realmente consegue identificar seus pontos de melhoria e o principal: se você está fazendo algo para mudar isso).
7. Quando alguém tem uma opinião que você não concorda, o que você faz? (ou seja, querem descobrir como você lida com conflitos)
8. Quais foram suas realizações mais significativas até aqui?
9. Descreva uma situação de difícil gestão e como você a solucionou.
10. Que outros cargos e empresas você está considerando?
11. Qual a sua pretensão de crescimento na carreira? Quais são suas metas e ambições?
12. Como você gerencia um conflito? Como lida com a resistência das pessoas?

21.2.4. Perguntas prováveis em entrevista técnica

1. O que é agilidade para você?
2. Como você avalia a performance de suas equipes?
3. Qual é o papel do *Scrum Master*?
4. Quantas pessoas ou times você já liderou ou gerenciou como *Scrum Master*?
5. Quais métricas ágeis de resultado você utiliza para avaliar o time?
6. Como você faz para melhorar a performance dos times?
7. Com qual *framework* ágil ou método você tem mais prática: *Kanban* ou *Scrum*?
8. Como podemos escalar o ágil?

9. Como você apoia ou auxilia um *Product Owner* ou *Product Manager* no dia a dia?
10. Para que serve o *Burndown chart*? Como você mede o *Lead Time*?
11. Por que implementar DoR e DoD é importante, no seu ponto de vista?

21.3. Preparação básica

Vista-se adequadamente mesmo que a entrevista seja virtual. Seja pontual, prepare-se para as possíveis perguntas, treine sua postura (simule a entrevista com um amigo ou imaginando como você iria responder a cada pergunta, grave-se no celular para você se assistir depois) e estude a empresa para a qual está se candidatando.

Durante a entrevista você será avaliado por seus pontos fortes, fracos e áreas para desenvolvimento. Além disso, as especificidades pessoais serão examinadas, tais como atitude, aptidão, estabilidade, motivação e maturidade. A maioria das entrevistas inclui apresentações e o pedido do entrevistador para que você "fale sobre você", conforme já mencionamos anteriormente. Mas o recrutador também poderá solicitar explicações como o porquê de você estar procurando essa vaga de emprego e qual o seu objetivo de crescimento profissional.

Fale de forma resumida, mas mencionando exemplos (fatos) de forma positiva e sincera. Falar demais não o levará a lugar nenhum, mas tenha em mente que você precisa vender a si mesmo e deixar o entrevistador consciente dos **benefícios que você pode oferecer** para a organização. Foque em mencionar os seus conhecimentos em relação à agilidade, entenda a prática ágil e não decore itens (por exemplo: frases prontas sobre os conceitos do *Scrum*) para citar apenas durante a entrevista. O entrevistador quer entender que tipo de experiência profissional você possui, quais são suas habilidades e atitudes que condizem com a descrição da vaga ou com o perfil de *Scrum Master* desejado.

Por outro lado, espera-se, sim, que um *Scrum Master* saiba "de cor e salteado" os papéis, artefatos e eventos do *Scrum* e como você os aplica nos times.

Espera-se também que saiba de cor todos os "valores e princípios do Manifesto Ágil" e como você os aplica no dia a dia.

21.4. Como estruturar suas respostas utilizando a "técnica STAR"[9]?

A técnica STAR é um método que ajuda a organizar as suas respostas, fornecendo exemplos concretos que mostrem que você possui experiência e competência para a vaga em questão. Sua sigla vem de **S**ituação, **T**arefa, **A**ção e **R**esultado. A ferramenta é excelente para questões comportamentais, especificamente sobre como o candidato lidou com certas situações de trabalho no passado.

Segue um exemplo utilizando os quatro passos da técnica:

Tabela 21.1. Técnica STAR exemplo 1.
Fonte: adaptado de Vagas (s.d.).

Técnica STAR Exemplo 1 – "Como você lida com conflitos no trabalho?"	
1 – *Situation* (Situação)	Descreva uma situação em que você se envolveu em um conflito com colegas, como perguntado pelo entrevistador. A recomendação é ser específico e fornecer detalhes, obviamente sem citar nomes para não expor ninguém. Se sua carreira estiver apenas começando, você pode contar situações ocorridas na faculdade ou em um trabalho voluntário, por exemplo. Se você já tiver exemplos profissionais, dê preferência a eles, claro.
2 – *Task* (Tarefa)	O segundo passo é descrever suas responsabilidades na situação. O que você tinha de realizar com a pessoa envolvida no conflito? Qual era a dificuldade – prazos de entrega, comunicação, funções de cada um?
3 – *Action* (Ação)	Aqui você precisa contar quais atitudes tomou para resolver a atividade ou conflito, e de que forma chegou a esse caminho. Se for o caso, você pode, por exemplo, contar que começou tentando identificar o problema, depois percebeu que a questão principal era comunicação e, por isso, chamou o colega para uma conversa individual etc. Mantenha a resposta focada nas suas atitudes – e não nas do colega. A ideia é falar sobre você.
4 – *Result* (Resultado)	O quarto passo é descrever os resultados que você alcançou tomando as atitudes que já descreveu. Você deve concluir a história e, de preferência, citar dados reais (aumento de vendas, por exemplo, se houver), falar sobre algum *feedback* que tenha recebido e sobre o que aprendeu com isso.

[9] STAR – vem de ***Situation***, ***Task***, ***Action***, ***Result***. Em português, a sigla é a mesma, traduzida para Situação, Tarefa, Ação, Resultado.

Tabela 21.2. Técnica STAR exemplo 2.
Fonte: adaptado de Vagas (s.d.).

Técnica STAR **Exemplo 2 – "Fale sobre alguma situação em que você precisou completar uma tarefa em um prazo apertado"**	
1 – *Situation* (Situação)	Embora eu prefira planejar minhas tarefas e completar tudo de forma mais planejada, também consigo trabalhar com *deadline* apertado.
2 – *Task* (Tarefa)	Em uma antiga empresa em que trabalhei, uma vez um colega deixou o emprego dias antes de entregar um grande projeto. Fui convidado a assumir uma função com apenas alguns dias para aprender e concluir o trabalho.
3 – *Action* (Ação)	Criei uma força-tarefa envolvendo a equipe e delegando tarefas, e conseguimos terminar tudo um dia antes do prazo.
4 – *Result* (Resultado)	Achei que o *deadline* era apertado e nos obrigou a trabalhar com mais eficiência e com mais foco na entrega de valor do que era necessário para atender às expectativas do nosso cliente.

O que você deve fazer é ter em mente que a oportunidade de entrevista tanto pode surgir de imediato quanto pode demorar um tempo para acontecer. Assim, nesse período, para que você consiga manter o foco e os nervos no lugar, continue se preparando, física, mental e intelectualmente, pois, no momento em que a oportunidade de entrevista surgir, você já estará mais seguro.

Organize sua agenda, pois é importante que você seja pontual e esteja tranquilo durante a entrevista, e não com pressa de sair para outro compromisso.

Lembre-se: se faz muito tempo que você não enfrenta uma entrevista de emprego, fique tranquilo. Mantenha a calma e seja sincero, pois essa postura fará total diferença na hora de conquistar a tão almejada vaga. Um *Scrum Master*, um agente de mudanças (que provê melhorias contínuas), precisa manter a tranquilidade e saber lidar com pressão.

21.5. Etapas do processo seletivo

Normalmente os processos seletivos funcionam de duas formas:

✓ **Primeira fase – A triagem:** é realizada com alguém da área de recursos humanos (RH). Eles irão avaliar sua postura, os requisitos mínimos para o cargo e como você se comunica como líder de pessoas, além de perguntar se você possui alguma certificação relacionada à área de agilidade. Esse primeiro contato é uma entrevista inicial para determinar se você deve ou não ser considerado candidato antes de ter uma reunião mais longa e aprofundada. A entrevista de triagem pode ser realizada pessoalmente, por webconferência, ou até por telefonema rápido, *chat* no LinkedIn ou WhatsApp. Na maioria das vezes, é conduzida por um profissional de RH, gerente de contratação ou recrutador externo. Mesmo assim, ainda é uma entrevista, e seu objetivo é manter-se na corrida e avançar para as próximas etapas.

- ✓ **Segunda fase – Entrevista com gestores:** poderá ser realizada com o gestor que está querendo alguém para o time dele. Ele talvez seja o seu líder no dia a dia, ou uma pessoa que está contratando para uma posição para atender a um cliente. Nesse dia também poderão participar pessoas da empresa que possuem o mesmo cargo e apoiarão o gestor na realização de perguntas técnicas e específicas sobre o dia a dia de um *Scrum Master*. Serão realizadas perguntas mais profundas sobre a sua experiência profissional, para saber se você transmite segurança, se você lida bem com situações de conflitos e como você se comporta na liderança de um ou mais *squads*.

> **Ao final de cada entrevista**, pergunte de forma gentil e educada como o processo está estruturado e quais são as etapas a seguir. Se você tiver a impressão de que a entrevista não está indo muito bem, não fique desanimado: de vez em quando um entrevistador que está verdadeiramente interessado em suas possibilidades pode tentar desanimá-lo, a fim de testar sua reação.

Prepare-se para oferecer o contato de pessoas que trabalharam com você (ex.: gestores, pares e subordinados). Agradeça ao entrevistador pelo tempo dele e pela oportunidade de ter sido avaliado para a posição.

21.6. Depois da entrevista

Após a entrevista, faça uma reflexão sobre como foi seu desempenho:

- ✓ O que foi bem? Por quê?
- ✓ O que não correu bem? Por quê?
- ✓ O que faria de diferente se repetisse a entrevista?
- ✓ Quais foram os principais aprendizados?
- ✓ Ainda existe alguma questão que você tenha dificuldade de responder?

Enquanto espera por uma resposta, continue a se candidatar para outras posições, fique por dentro das oportunidades e mantenha suas estratégias de *networking*.

Todos sabemos que o mercado de trabalho está cada vez mais exigente e competitivo e que a entrevista de emprego é uma das principais etapas do processo seletivo. Portanto, para que você se destaque, **"dê o seu melhor" para responder da forma mais original e coerente com os seus valores e conhecimento profissional, então planeje-se e prepare-se para arrasar na entrevista!!!**

Esperamos que as dicas e reflexões que compartilhamos ajudem muito você!!

Boa sorte e confie em você. Todos nós temos potencial, e o momento certo de ouvir a frase "você está contratado" chegará em breve. **Mas só depende de você ficar preparado para cada desafio ou etapa que surgir.**

PARTE V. COMECEI COMO *SCRUM MASTER*, E AGORA?

22. Como receber e apoiar um *Scrum Master* em transição de carreira?

Arcílio Damiati
Fabiana Leite
Sergio Stern

22.1. É chegada a hora...

Bem, passados todos os momentos "AC" – antes de começar – e chegado o "DC" – depois de contratar –, muitas perguntas estão na cabeça do profissional que está chegando na empresa ou que está fazendo transição de carreira interna (antes atuava em outros desafios e agora começa a exercer o novo papel de *Scrum Master*). Essas dúvidas e inquietações são bem características de quem está fazendo uma transição de carreira, pois de certa forma se trata do desconhecido.

Aqui vamos focar no apoio e na recepção do *Scrum Master*. As empresas apoiam os *Scrum Masters* de diferentes formas, e é importante fazer um alinhamento de expectativas no momento da entrevista ou alocação.

Há organizações que partem da premissa de que o *Scrum Master* deve buscar por si mesmo seu autodesenvolvimento e oferecem ou não indicações de cursos, livros, *benchmarking*. Pode acontecer desse papel não ser ainda tão claro e a empresa considerar que, pelo perfil do "alocado", ele vai buscar conhecer mais e se desenvolver por conta própria. Olha a importância do alinhamento das expectativas na prática!

Existem empresas que já têm estruturada uma trilha de desenvolvimento, além de momentos de trocas entre esses profissionais (os mais experientes apoiando os menos experientes).

Empresas com maturidade intermediária apoiam o *Scrum Master* não só no aspecto técnico como na metodologia, em práticas, em pacotes de métricas aderentes ao *framework*, ferramentas de gestão ágil e mentoria, mas também em aspectos comportamentais como técnicas de facilitação, negociação, comunicação não violenta, conhecimento dos principais processos da empresa e dos produtos envolvidos, além de estimular a participação em eventos ou cursos com certificação ou não.

Empresas mais evoluídas nesse aspecto podem possuir também alguns agentes de transformação, como representantes do RH, que apoiam o *Scrum Master* em temas mais complexos como *mindset,* elementos da cultura ágil, mentoria de pessoas com dificuldades de colaboração e apoio na formação de times de alta performance.

Empresas de maior maturidade podem ter já preparadas ferramentas de *assessment* com comportamentos e habilidades específicos da empresa ou até mesmo declaração explícita do que é esperado do papel do *Scrum Master* no aspecto técnico e comportamental. Todos esses exemplos são usados para que o *Scrum Master* identifique seus *gaps* e possa se desenvolver num *mindset* de melhoria contínua, inclusive da sua própria carreira. Portanto, é importante procurar saber se há algo nesse sentido que apoie a sua evolução na empresa onde você entrou.

Há empresas com ferramentas mais "ágeis", como o radar de maturidade ou a Roda Ágil (DUTRA; MARRA; RATTON, 2021), que podem ajudar nesse aspecto de entendimento do que é valor (técnico e comportamental) para a empresa. Isso ajuda o *Scrum Master* a compreender a cultura da própria empresa (o que é valor). Outra ferramenta que apoia o *Scrum Master* na formação de um time ágil é, por exemplo, a goobeplay[10], que apoia o dia a dia no âmbito da cultura do reconhecimento e do *feedback* entre o(s) time(s) através de recompensa colaborativa. Enfim, esses são alguns exemplos que ajudam muito o papel do *Scrum Master.*

A empresa pode ter outros times ou papéis que apoiam nas *inceptions* e que fomentam o *Product Owner* com possíveis MVPs (mínimos produtos viáveis), facilitando assim a atuação do *Scrum Master.*

Uau!! São muitas contribuições que as empresas podem fazer para acelerar o desenvolvimento de um *Scrum Master* e ajudá-lo a exercer seu novo papel. Mas isso não exime o *Scrum Master* de buscar apoio em comunidades ágeis e nas diversas oportunidades *on-line* de trocas de vivência no mundo (eventos gratuitos e pagos). Essa participação pode até ser estimulada e incentivada pela empresa.

E por que não existe uma forma única das empresas receberem e apoiarem os *Scrum Masters* em transição?

Isso acontece porque as organizações estão também em diversos estágios da sua "autotransição". O apoio a esse novo papel vai depender de vários fatores:

10 <https://goobeeplay.com/coin2u>.

1. Maturidade ágil (há pessoas habilitadas para apoiar novos contratados? São usadas ferramentas de gestão ágil?)
2. Tamanho da organização
3. Compreensão e entendimento da importância desse papel para o sucesso da transformação ou implementação ágil na empresa ou no time
4. Compromisso com a agenda de transformação ágil
5. *Scrum Master* ser um papel, uma posição de carreira ou um cargo

Essas são pelo menos cinco características possíveis, não exaustivas, que fomentam essa diferença no apoio concedido. Algumas dessas características, inclusive, estão correlacionadas com o tipo de aporte financeiro despendido para esse apoio ao *Scrum Master* em transição.

Como ser ágil é trazer mais simplicidade e foco, podemos resumir essas várias características em apenas dois contextos mais relevantes a serem observados no primeiro momento que o *Scrum Master* chega à empresa ou à nova área para exercer o seu papel. São eles:

- ✓ Empresas iniciando na agilidade.
- ✓ Empresas com processos ágeis já maduros.

22.2. Empresas iniciando na agilidade

Quando a empresa está iniciando em processos ágeis, o esperado do *Scrum Master* é que ele seja um "educador" sobre os processos ágeis para o seu time e para a empresa. Ele irá trabalhar a mentalidade da empresa como um todo. Se houver mais de um *Scrum Master*, alguém pode lhe apresentar as particularidades da organização e dos produtos e fará a sua integração com o time. Se você for um *Scrum Master* que fez transição de carreira internamente, antes atuante em outra função e agora como *Scrum Master*, saiba que seu conhecimento dos processos e das áreas e sobre quem procurar logo no início pode facilitar sua jornada.

Por isso, é muito comum que o *Scrum Master* primeiro trabalhe em conjunto com outro profissional e vá se contextualizando sobre todos os processos. Caso você seja o primeiro *Scrum Master*, é recomendado começar com o mapeamento dos processos. Atue no entendimento sobre as pessoas (dores de cada indivíduo do time) na empresa e vá aos poucos aplicando a agilidade.

22.3. Empresas com processos ágeis já maduros

Em empresas onde o ágil já faz parte há algum tempo do dia a dia, o *Scrum Master* em transição terá mais apoio, geralmente de um *Agile Coach* ou de algum *Scrum Master* mais experiente, que são pessoas com mais senioridade no time de agilidade da empresa e que auxiliarão o novo *Scrum Master* em processos daquela empresa em específico.

É comum, nesses casos, que o *Scrum Master* passe por treinamentos sobre o(s) produto(s) da empresa ou do(s) projeto(s) em que ele irá atuar, assim como sobre as ferramentas utilizadas por aquela empresa, como, por exemplo, Jira, Azure DevOps ou Trello. Muitas vezes a empresa nesse estágio já tem um foco em eficiência e eficácia, e métricas ágeis passam a ser uma competência que o *Scrum Master* deverá buscar conhecer.

Espera-se que o *Scrum Master* atue mais junto a um time específico do que na disseminação do método e de práticas ágeis pela empresa como um todo – isso ficaria a cargo do *Agile Coach*.

Observe que, em ambos os contextos, o tipo de apoio é condizente com a expectativa da atuação do *Scrum Master*: quanto mais madura for a empresa, mais apoio inicial é oferecido, mas também é exigido mais conhecimento a ser desenvolvido como exemplo (conhecimento de ferramentas de "gestão ágil" e métricas).

Outro aspecto importante nessa transição de carreira é que outros movimentos também começam a acontecer: desde uma transformação de *mindset* até outra transição muito comum nesse processo, que é a transição para atuar em tecnologia.

22.4. A transição para o mundo da tecnologia

A agilidade hoje está implementada em qualquer área de atuação no mundo dos negócios, mas é no setor de tecnologia – onde surgiu e se disseminou o *agile* – que estão os maiores números de vagas.

Isso significa que *Scrum Master* em transição precisa saber tudo de tecnologia para atuar no segmento de TI? Precisa ter formação na área, como, por exemplo, desenvolvimento de software, engenharia de software, ciência da computação ou redes de computadores? A resposta é NÃO! Mas com algumas observações.

A primeira observação é que – já comentado e negociado nas etapas de entrevista e contratação – a transparência deve ser mútua a respeito da relação "contratado e contratante". Assim, se no momento da entrevista havia a expectativa de que o *Scrum Master* também tivesse domínio sobre tecnologia e o ele possui algum *gap* de formação ou conhecimento, é recomendado buscar aprimorar esse conhecimento. A empresa pode ter multiplicadores sobre o assunto ou cursos que esclareçam o assunto e ajudem o desenvolvimento do *Scrum Master*.

Mesmo que a expectativa da empresa não tenha sido o *Scrum Master* conhecer tecnologia, é importante saber o mínimo necessário para gerar bons resultados. Dessa forma, ao iniciar em empresas de tecnologia, o *Scrum Master* terá que conversar – por exemplo – sobre os impedimentos com o time. Para isso ele precisa ter noções básicas de tecnologia, o que é um banco de dados, o que é um layout, quais as diferenças entre *frontend* e *backend*, o que é uma API etc. Esses são alguns dos pontos frequentemente discutidos em uma *daily*. Claro que não há necessidade de ter um conhecimento muito técnico, como de um desenvolvedor, mas é recomendado o conhecimento para que se possa fazer as perguntas corretas a fim de resolver um impedimento, ou dar orientações para o *Product Owner* priorizar o valor para o negócio e também para ter noção do esforço do time.

Nesse momento se faz importante a transparência falada há pouco: para que tanto o profissional como a empresa criem meios de cobrir esse "*gap* de conhecimento", sem surpresas para nenhum dos lados. E se a empresa não tiver isso claro, é importante que o *Scrum Master* em transição releve o entendimento do *gap* e provoque conversas a fim de descobrir possíveis caminhos de evolução.

Portanto, se você é um *Scrum Master* que está em processo de transição para empresas de TI, realizar cursos básicos sobre os temas citados é essencial para não se sentir um "peixe fora d'água". Existem diversos cursos gratuitos nas mais conhecidas plataformas da internet.

22.5. E como as empresas atuam nesse momento? Quais são as dicas para facilitar essa jornada?

Já falamos da questão da transparência, pois sem ela não teremos possibilidade de sucesso nessa nova tarefa. Esclarecer o que é esperado desse profissional que chega é muito importante.

Outro ponto é o alinhamento da expectativa do time e dos gestores quanto ao trabalho do *Scrum Master* em transição. É muito importante lembrar que há uma curva de aprendizagem para o *Scrum Master* conseguir exercer plenamente todas as instâncias dos processos junto ao time, ou times, que for liderar. E essa curva de aprendizagem diz respeito tanto às tarefas do dia a dia como quanto às regras, características e necessidades da corporação.

Para acelerar esse aprendizado do *Scrum Master*, existem várias práticas que podem ser adotadas pelas empresas. Uma delas é o novo profissional ser uma espécie de "sombra" nos primeiros dias de trabalho. O *Scrum Master* passa a participar como ouvinte dos eventos de um time com um *Scrum Master* mais experiente (até mesmo um *Agile Coach*). Isso ajuda no entendimento de como o trabalho é organizado na prática. Após alguns dias, o *Scrum Master* em transição assume a condução de alguns eventos, ainda com acompanhamento. O ideal é realizar no mínimo um ciclo inteiro de *sprint* antes de assumir um time sozinho. Uma prática adotada é ter o acompanhamento pelo menos por três *sprints*: na primeira só observa, na segunda faz e o mais experiente apoia se necessário (e é importante ter o *feedback* do mais experiente) e na terceira o *Scrum Master* executa as atividades com as melhorias. O mais experiente só observa para novo *feedback* e orientação.

Aprender com a vivência do outro é uma alavanca importante de desenvolvimento, não só para o novo *Scrum Master*, como para o mais experiente. Este, ao fazer o processo de sombreamento e *feedback*, também evolui competências, e por isso é recomendado que a empresa estimule trocas de práticas e experiências e crie momentos "oficiais" com agenda propositiva de trocas (entre mais experientes e iniciantes), onde assuntos novos sejam trazidos para as conversas.

Além do *Scrum Master* mais experiente, outro papel muito comum que as empresas deveriam prover ao novo funcionário é o de *Agile Coach*. Nesse papel, há o acompanhamento de um profissional de agilidade bem mais experiente. Ele ajudaria o *Scrum Master* no entendimento do contexto e onde atuar para ser mais efetivo – é o que denominamos de processo de "mentoria ágil". Muitas vezes esse profissional vai iniciar dando clareza sobre os aspectos de evolução e apoiar nos caminhos.

Veja a seguir (Figura 23.1) um exemplo de radar ("mapa de habilidades") que a empresa pode oferecer como apoio. Você pode adaptá-lo com elementos da própria cultura "mais ágil" sob a ótica da organização.

O *Scrum Master* em transição pode fazer uma autoavaliação e depois pedir para o *Scrum Master* mais experiente analisar. Basta escolher de 0 a 5 para cada uma das dimensões. Observe que cada avaliação vai gerar um gráfico "aranha" como o exemplificado a seguir. Fazer a autoavaliação ajuda, mas ter um olhar de alguém mais experiente é muito útil.

Depois escolha de uma a três dimensões que precisam de plano de ação imediato para serem alavancadas. Quando a empresa possui um *Agile Coach,* este pode apoiar muito no plano de ação e na análise de qual dimensão, quando trabalhada, alavancará as demais.

Figura 22.1. Mapa de habilidades e competências de um *Scrum Master*.
Fonte: autora Fabiana Leite.

Corporações mais preocupadas e com planos mais bem estruturados para esse momento de *onboarding* podem disponibilizar ao *Scrum Master* mais apoio nessa hora, como, por exemplo, o *buddy* ou amigo, que será uma pessoa disponível para tirar as principais dúvidas sobre a empresa, os processos, as questões administrativas etc. Literalmente, é alguém em quem se apoiar no caso de surgir qualquer tipo de dúvida. E junto a isso – caso a empresa tenha uma política de desenvolvimento dos profissionais – pode existir o papel de *people lead* ou líder de pessoa, que será alguém para orientar e ajudar na tomada decisões de carreira. Similar a um mentor, é alguém que o *Scrum Master* escolhe para ajudá-lo a evoluir sua carreira dentro da empresa. É importante que seja uma pessoa que esteja mais à frente nessa trilha de carreira que o *Scrum Master* quer percorrer. Essa pessoa poderá orientar com clareza os passos a seguir para atingir níveis mais altos. É algo completamente diferente da liderança funcional e definida dentro do organograma.

A empresa também pode oferecer uma trilha de desenvolvimento em agilidade, com cursos e *workshops* que reduzem a curva de aprendizagem para o *Scrum Master*. Essa trilha pode ser de treinamentos internos ou até patrocínio para treinamentos externos que alavancam esse papel, começando, por exemplo, com treinamento de formação do *Scrum Master*.

22.6. Mas e se a empresa não tiver nada formal para facilitar essa jornada?

Diante de tudo que foi exposto até aqui, a única certeza que um *Scrum Master* em transição tem é que:

- ✓ **Você não precisa estar sozinho nessa jornada:** mesmo se a empresa não ofertar nada do exposto até aqui, saiba que existem comunidades e profissionais externos que topariam fazer trocas de experiência.
- ✓ **Pesquise:** procure pessoas ativas em comunidades ágeis. Você pode encontrar profissionais ou boas experiências em eventos abertos (ex.: *Lean Coffee*, gratuito) e em vários *workshops* gratuitos e pagos (ex.: *Agile Trends*, AgileBrasil, *Scrum Gathering*). Você pode procurá-los em aplicativos/plataformas como Sympla e Meetup.
- ✓ **Explore o universo dos vídeos na rede:** hoje em dia o que mais tem são vídeos de profissionais contando sobre suas experiências, o que deu certo, o que evitar e como começar. Vá em frente, explore!
- ✓ **Cuide das habilidades comportamentais:** o diferencial do *Scrum Master*, em geral, não está no quanto ele conhece tecnicamente o método *Scrum* – muitas vezes as habilidades comportamentais o ajudarão a ser adaptativo e a atuar melhor no seu contexto.

E aí? Já consegue perceber que não está só? Vá devagar, mas vá!

E tenha também outra certeza: por mais que aparentemente a empresa não tenha ofertado outros apoios, saiba que o *Scrum Master* faz parte de um time – e no mínimo esse time faz parte do mesmo contexto que você e é também o seu apoio.

22.7. Entendimento dos conhecimentos e das habilidades do "novo profissional" por parte do Time *Scrum*

A transparência é um dos pilares do *Scrum*, e nesse momento de transição ela se faz muito necessária. O *Scrum Master* terá que ser transparente em todas as ações – se tem dúvida junto ao time, deve expô-la; se o time achou que a atitude do *Scrum Master* não foi a melhor, deve falar. O ciclo de *feedback* deve ser muito praticado nesse momento, pois assim o *Scrum Master* em construção poderá moldar seu "novo profissional" de maneira mais objetiva, contribuindo melhor para o time e para si mesmo.

A adaptação, outro pilar do *Scrum*, anda junto com o *Scrum Master* e não somente nessa fase inicial.

O *Scrum Master* em transição carrega consigo traços de experiências passadas, isso é inevitável. Dentro desse contexto existem conhecimentos que podem ser benéficos ou não. É o que chamamos no mercado de *lessons learned* (lições aprendidas).

Vamos usar como exemplo uma pessoa que vem de uma linha de liderança de "comando e controle" – isso em mundo ágil não é interessante, vai contra os valores de uma equipe autogerenciável. Portanto, o *Scrum Master* deverá se adaptar e passar a ter uma outra postura, de liderança servidora. Tudo começa em seu autoconhecimento, analisando pontos que devem ser mudados para se adaptar àquele time, àquela empresa, à metodologia ágil. A adaptação é algo que nunca irá finalizar, pois as mudanças no mundo dos negócios são constantes. O que ocorre é que em certo ponto a adaptação começa a dar lugar a melhorias contínuas.

22.8. Colaboração com o *Scrum Master*

Existem outros papéis dentro da metodologia ágil com os quais o *Scrum Master* irá interagir constantemente. E o que se deve esperar de cada um deles?

As primeiras pessoas com quem o *Scrum Master* tem contato ao ingressar em um time são os desenvolvedores (*devs*). Eles são os responsáveis por "fazer acontecer" tudo aquilo que é planejado e idealizado pelos *stakeholders* e pelo *Product Owner.* Os *devs* devem colaborar com o *Scrum Master* explicando de maneira clara e simples os maiores desafios do(s) produtos(s) e dar uma visão geral do objetivo a ser alcançado.

Entendemos como *devs* todos os que desenvolvem algo, não somente programadores, mas também os QAs e analistas (se houver) na estrutura do time.

O *Product Owner* é a pessoa responsável pela comunicação com os *stakeholders*, e o *Scrum Master* é a pessoa que faz com que os processos sejam aplicados de maneira que a entrega de valor seja feita ao cliente. Portanto, uma boa parceria entre o *Scrum Master* e o *Product Owner* é indispensável – a sinergia entre os dois é totalmente necessária. O *Product Owner* deve explicar o *roadmap* esperado daquele produto ao *Scrum Master*, para que este possa entender e mapear possíveis pontos de atenção durante o desenvolvimento. Caso haja dúvidas, o *Scrum Master* deve poder conversar com o *Product Owner*, para que sempre fique tudo claro e o objetivo da *sprint* seja alcançado.

Enfim, a empresa, o time e as comunidades formarão uma rede de apoio. Mas cabe somente ao *Scrum Master* correr atrás do apoio de que precisa nos mais diversos níveis de sua organização.

23. Os primeiros passos como *Scrum Master* – Melhores práticas e erros a serem evitados

Arcílio Damiati
Camila Alves de Carvalho

23.1. Conhecendo o time

Conhecer o time e suas particularidades é a primeira coisa que um *Scrum Master* deve fazer, até mesmo antes de conhecer mais a fundo o produto trabalhado.

Conhecendo melhor o time, o que vem depois se torna mais fácil, pois você saberá a quem recorrer e como abordar cada pessoa do time, pois cada um tem sua personalidade e "preferência", e isso é super comum. Nesse período é importante o processo de escuta ativa.

Uma excelente maneira de conhecer o time é utilizar uma dinâmica de "quebra-gelo" para o engajamento, pois o foco desse tipo de atividade é ajudar a equipe a conhecer cada pessoa e promover um clima de confiança.

"Quando posso fazer essa dinâmica?"

As dinâmicas são normalmente utilizadas em retrospectivas de *Sprint*, mas podem facilmente ser aplicadas em uma integração com o time. Outro exemplo de dinâmica que cabe nesse momento é a "Personal Map", que pode ser encontrada no site *Fun Retrospectives*. O objetivo da atividade é mapear as pessoas do time: em um *board* de sua preferência são abordados tópicos como qual seu hobby, onde nasceu, sua família, sua formação, livros que gostou e gosta de ler, esportes praticados etc. Essas perguntas e respostas facilitam a integração junto ao time e permitem que o *Scrum Master* identifique perfis e conheça melhor as pessoas.

> **Atenção!** Esse primeiro passo é extremamente importante, pois o *Scrum Master* utiliza muito as suas habilidades comportamentais nesse momento. A não realização de uma dinâmica para conhecer as pessoas pode impactar na confiança entre elas com o seu trabalho, na comunicação e na colaboração ativa.

23.2. Identificando vozes ativas na equipe

Ter uma voz ativa não precisa estar diretamente ligado a um cargo de liderança ou gestão, pois a liderança acontece de forma natural em times multidisciplinares. As pessoas tendem a ter como líder aquele indivíduo que normalmente fala pelo time, luta pelos seus objetivos e pelas suas necessidades, e que durante uma reunião expõe fatos em nome da equipe. Essa pessoa normalmente é eleita como líder pelo seu grupo de maneira fluida – ninguém chega em um time se impondo como líder.

Identificar quem são essas pessoas é de suma importância, pois o *Scrum Master* muitas vezes precisará do apoio de um ou mais em prol do sucesso das entregas, da comunicação, da cooperação entre os membros e da resolução de problemas. Quando se tem o apoio de alguns integrantes, conquistar a aceitação dos demais se torna mais fácil.

> **Cuidado!** Como foi citado anteriormente, ter uma voz ativa não está ligado a um cargo, pois isso pode ser uma armadilha presente em times com baixo nível de confiança. A voz ativa de um Scrum Master ou de outra pessoa do time não significa ser um líder. A função de uma pessoa com esse tipo de perfil é trabalhar na criação de um ambiente de aprendizado e consequentemente evoluir a equipe.

Precisamos confiar nas pessoas dando a elas um ambiente seguro para a condução do seu trabalho (enfatizando o quinto princípio do Manifesto Ágil "Construa projetos em torno de indivíduos motivados. Dê a eles o ambiente e o suporte necessário e confie neles para fazer o trabalho").

23.3. Mapeando e entendendo pontos de melhoria com o time

Após conhecer o time, o que normalmente leva algo entre uma ou duas *Sprints* (considerando *Sprints* com duração entre 3-4 semanas), é o momento de começar a mapear os pontos de melhoria para que possamos praticar o famoso *Kaizen* (melhoria contínua).

Após algumas semanas já é esperado que o *Scrum Master* tenha a confiança do time. Então, comece a propor mudanças e implementá-las de forma natural.

Vale ressaltar que antes desse período o *Scrum Master* talvez não tenha total entendimento do contexto em que está inserido e propor mudanças possa soar como algo ruim. Às vezes o time não está maduro ou não entende que as mudanças propostas são para a melhoria de todos.

Talvez agora você esteja se perguntando: "mas quando devemos mapear essas mudanças? Preciso esperar as retrospectivas da segunda *Sprint* para começar?"

A resposta é que mapear as melhorias pode ocorrer desde o primeiro dia de atuação do *Scrum Master* dentro do time – por exemplo, durante uma *daily* ou em qualquer outra cerimônia, com o foco de apenas analisar e acompanhar. Um dos autores deste capítulo costuma anotar os *insights* de melhoria e aguardar um ou dois dias para sugerir ao time, pois nesse tempo costuma refletir sobre aquilo, buscar entender o contexto, o porquê do ocorrido. Essa primeira análise está relacionada à empatia com o cenário encontrado em vez de delegação de tarefas.

O momento de maior valor para mapear as melhorias é durante uma retrospectiva, sem dúvida.

Atenção! Ouça o time e não delegue tarefas a uma equipe multidisciplinar.

Após mapeadas e entendidas as melhorias, é hora de colocar em prática e acompanhar diariamente os resultados. Vale lembrar que o papel de *Scrum Master* também deve passar por uma melhoria contínua. Essa melhoria gera uma evolução na sua capacidade de facilitação, na sua análise técnica para remoção de impedimentos, um maior conhecimento em coletar os perfis de clientes do produto e principalmente na evolução da aplicação do *framework* – olhando *Scrum Master* 1.0 para *Scrum Master* 3.0.

23.4. *Scrum Master* 1.0, *Scrum Master* 2.0 e *Scrum Master* 3.0

O *Scrum Master* 1.0 aplica o *framework* "by the book". O *Scrum Master* 2.0 já percebeu que entre teoria e prática existe um delta enorme e busca atuar mais como um *coach* do *Scrum* para o time, auxiliando os analistas de negócios e colaborando com o *Product Owner* na priorização do *backlog*. Já o *Scrum Master* 3.0 seria o profissional que aplica tudo sobre o 2.0 e agrega práticas de outras metodologias, como, por exemplo, o *Management* 3.0, para a gestão da equipe.

Tenha atenção com esse ponto, pois precisamos fazer com que as ações coletadas saiam do papel. Antes de iniciar um novo ciclo com novas ações, vale a pena ter um *board* com todas as melhorias que foram coletadas anteriormente e seus status. Assim, conseguimos analisar se gerou algum impacto ou se precisa de algo para executá-las. Ao fazer isso, conseguimos definir uma prioridade para cada coisa, entendendo se faz sentido naquele momento explorar mais ações novas ou ajustar aquelas que já foram mapeadas antes.

23.5. Ajudando na organização das atividades

O *framework Scrum* recomenda que os times sejam autogerenciáveis, portanto o *Scrum Master* também tem a responsabilidade de ajudar a equipe a seguir nessa direção de organização, participando efetivamente do dia a dia do projeto e auxiliando no comprometimento das entregas.

Após a iniciação do uso da metodologia, o ideal é deixar evidente quais são as atividades que serão executadas pela equipe em ordem de prioridade. Vale lembrar que a participação do *Product Owner* nesse momento é essencial, pois é a hora de deixar claro qual quais são as responsabilidades do time que está atuando naquele projeto. Então, vale separar as demais tarefas que não são vinculadas à equipe e que fogem do objetivo, encaminhando-as para outros grupos ou eliminando-as – cabe fazer uma análise para cada situação. Assim, o time passa a focar naquilo que realmente importa e começa a entregar valor.

Não esqueça de organizar os ciclos de trabalhos (*Sprints*) para ajudar a equipe, o *Product Owner* e os *stakeholders* a ter uma visibilidade do projeto. Alinhe expectativas de entregas e estabeleça uma rotina de reuniões para ter um ritmo sustentável de trabalho.

> **Atenção!** Segundo "The Scrum Guide" (SCHWABER; SUTHERLAND, 2020), a equipe é autogerenciável. Então, nem o *Scrum Master* impõe como o processo funcionará ou qual atividade cada pessoa fará. O objetivo é auxiliar o time a chegar em um consenso e entregar valor para o cliente.

23.6. Aumentando a entrega de forma incremental

Quando falamos de *Scrum*, logo pensamos em entregas rápidas. A ideia é que seja uma entrega incremental, ou seja, criar uma funcionalidade inicial, testá-la com o usuário e depois evoluir o produto através do *feedback* dado.

A melhoria contínua está ligada a esse processo, pois o engajamento e a maturidade do time são um reflexo dos entregáveis e consequentemente aumentam a qualidade do produto.

> **Obs.**: quando falamos do time, também incluímos o *Product Owner*, além do *Scrum Master* e da equipe.

Com o passar do tempo, a experiência do time aumenta. As pessoas se desenvolvem, amplifica o nível profissional e o resultado é que trabalhos que levavam anteriormente três dias agora são realizados em 1 dia e meio. Atividades cuja complexidade era de 13 pontos na escala de Fibonacci agora o time encara como 8 pontos, ou seja, a maturidade gera um impacto na produtividade e resulta em um aumento na entrega das demandas de forma gradual. Por isso são importantes a colaboração e o engajamento de todos.

Esse crescimento nas entregas pode trazer alguns pontos de atenção. Você pode colher e acompanhar as métricas para entender e analisar o que elas dizem sobre o produto e se faz sentido fazer algum tipo de melhoria no processo utilizado.

> **Cuidado!** Lembre-se de que o objetivo de utilizar métricas é avaliar a eficácia do processo e nunca medir ou gerenciar as pessoas. Enfatizamos o primeiro valor ágil: "indivíduos e interações mais que processos e ferramentas".

23.7. Disseminar a agilidade para todas as pessoas envolvidas no projeto

De forma objetiva, o papel de um *Scrum Master* é garantir que a equipe esteja funcional e produtiva, além de assegurar que o processo esteja sendo seguido.

Uma das maiores responsabilidades de um *Scrum Master* é guiar as pessoas envolvidas pelas práticas e pelos valores ágeis com o objetivo de alcançar um melhor desempenho e evitar desperdícios. Propagar a agilidade é extremamente significativo, pois aumenta a autonomia das pessoas, para que juntas desenvolvam, entreguem valor para o cliente, evoluam na sua comunicação e procurem constantemente a melhoria contínua em seus processos.

> **Atenção!** Cuidado com a "voz de chefe" na sua cabeça. Lembre-se de que a equipe é multidisciplinar e autogerenciável. Precisamos propagar a agilidade e não ditar as regras. A nossa função é ensinar e promover a autonomia entre as pessoas do projeto.

24. Verdades inconvenientes: quando a cultura organizacional tenta derrubar o *Scrum Master*

Bruno Leonardo Rosa
Marcio Luiz Reis e Pimenta
Pedro Campos

Reza a lenda que Peter Drucker (professor, escritor, consultor e tido para muitos como o pai da administração moderna), certa vez, teria proferido algo como: "a cultura devora a estratégia todos os dias no café da manhã".

Sua larga utilização, independentemente do seu autor, nos sugere que existe certa identificação da frase com a realidade, ou seja, é possível perceber nela parte da experiência vivida no cotidiano das organizações e nas experiências individuais de cada colaborador. Mas como esta frase, proferida ou não por Drucker, se relaciona com a proposta deste capítulo?

Neste capítulo discutiremos três pontos fundamentais:

1. Cultura organizacional.
2. Como a cultura se relaciona com o papel do *Scrum Master/Agile Master*.
3. O que torna o conflito apresentado uma verdade inconveniente?

Para isso, talvez seja mais adequado darmos alguns passos atrás e começarmos pelo conceito de cultura organizacional.

24.1. Cultura organizacional

Robbins, Judge e Sobral (2012, p. 501) conceituam cultura organizacional como "um sistema de valores compartilhado pelos membros de uma organização que a diferencia das demais". Hofstede (1991, p. 5), um dos pioneiros na discussão sobre a influência das culturas nacionais sobre as culturas das organizações, entende cultura organizacional como "o programa coletivo da mente que distingue os membros de grupos ou categorias de pessoas". Schein (2009) percebe a cultura organizacional como um sistema de valores e crenças, de produção de significados, capaz de criar consenso e dar sentido às práticas organizacionais.

Se retornarmos a Robbins, Judge e Sobral (2012), poderemos identificar ainda sete características que, segundo os autores, capturam a essência da cultura organizacional e que reconheceremos facilmente como inseparáveis do mundo ágil e das ações do *Scrum Master*:

- ✓ **Inovação**: até que ponto os funcionários são incentivados a inovar e assumir riscos.
- ✓ **Atenção a detalhes**: o grau em que se espera precisão, análise e atenção aos detalhes por parte dos funcionários.
- ✓ **Orientação para resultados:** nível exigido de foco em resultados, dando a eles maior importância do que a técnicas e processos para atingimento destes.
- ✓ **Foco na pessoa:** grau em que se considera o efeito dos resultados sobre as pessoas da organização.
- ✓ **Foco na equipe:** atividades de trabalho são mais organizadas em torno de equipes do que de indivíduos.
- ✓ **Agressividade:** grau em que as pessoas são competitivas e agressivas (em vez de tranquilas).
- ✓ **Estabilidade:** atividades priorizam a manutenção do *status quo* em vez do crescimento.

24.2. Como a cultura se relaciona com o papel do *Scrum Master*

As definições apresentadas já devem ter auxiliado o leitor no entendimento de como a cultura organizacional influencia na forma de pensar e agir dos colaboradores em seu processo de tomada de decisão e em quanto o desenvolvimento de novas metodologias, práticas e afins pode ser beneficiado ou impactado pela cultura dominante na organização.

Esse fato, por si só, já nos permitiria uma ampla discussão sobre como a cultura organizacional impacta nas atividades do *Scrum Master.* Contudo, autores como Schein (2009), Bass e Avolio (1993), Ogbonna e Harris (2000) e House *et al.* (2002) nos permitem evoluir ainda mais nessa discussão.

Ao analisarem a relação entre a cultura organizacional e a liderança, esses autores perceberam que, se por um lado o líder assume o papel de criar, manter ou mudar tipos particulares de cultura, por outro lado, ele também tem seu pensamento e seu sentimento moldados pela cultura organizacional, ou seja, ao mesmo tempo que o líder influencia a cultura da empresa, ele também é influenciado por essa mesma cultura.

Ou seja, ao mesmo tempo que o líder tenta alterar a cultura de forma a construir um *mindset* mais adaptado às práticas em que acredita, ele é levado pela própria cultura organizacional a se questionar se essas mesmas práticas podem ser desenvolvidas naquele contexto organizacional, se elas alcançarão os resultados pretendidos e se elas serão efetivamente vivenciadas pelos colaboradores.

Nesse contexto, o líder servidor, que é o *Scrum Master*, tende a entrar em conflito com relação ao seu papel na própria cultura organizacional, o que pode gerar desânimo e dúvidas.

Lembre-se: segundo Ken Schwaber e Jeff Sutherland (2020, p. 7), em seu "Scrum Guide", os "*Scrum Masters* são verdadeiros líderes que servem ao *Scrum Team* e à organização como um todo". Ou seja, por mais que a liderança seja um elemento compartilhado nas práticas ágeis, e por mais que as equipes, em muitos casos, sejam autodirigidas, o *Scrum Master* é uma liderança vital para o alcance dos resultados pretendidos, para o desenvolvimento das práticas e para a adaptação da cultura.

Em tempo, cabe aqui uma curiosidade sobre a qual você deve refletir depois. **Sem minimizar a importância de qualquer dos demais papéis do *Scrum***, em sua revisão 2020 (PT-BR), o termo líder, ou eventuais variações, aparece apenas associado ao *Scrum Master*. Apenas! **Reflita sobre isso.**

Retornando, e com base em todo o exposto, fica claro que a compreensão da cultura organizacional pelo *Scrum Master* é fundamental para o sucesso dele e de todo o time.

Isso se torna ainda mais claro quando retornarmos a Robbins, Judge e Sobral (2012), e aos demais autores previamente citados, e entendermos em profundidade as perspectivas apresentadas, a relação entre liderança e cultura organizacional, o papel do *Scrum Master* e as características que capturam a essência da cultura organizacional.

Agora responda: será que em organizações onde a busca pela manutenção do *status quo* seja predominante, onde existe pouco incentivo à inovação ou um alto nível de agressividade a ponto de inibir o compartilhamento de informações e o trabalho de equipe, o trabalho do *Scrum Master* é facilitado?

Todos seremos obrigados a responder a essa questão com um retumbante NÃO!

24.3. Mas o que torna o conflito apresentado uma verdade inconveniente?

Agora que ficou claro o quanto a cultura organizacional pode derrubar o *Scrum Master*, podemos retornar à verdade inconveniente de que lidamos com tudo isso como se não existisse.

A maioria das organizações que buscam a implementação das metodologias e práticas ágeis entende essa mudança como um movimento de mercado e um processo de adequação natural; contudo, não se prepara devidamente para a mudança.

Em pesquisa realizada pelos autores em 2020 com 40 especialistas em ágil do mercado brasileiro, mais da metade dos entrevistados (60%) apontou algum nível de discordância com a afirmativa: "o *mindset* da minha organização está alinhado aos valores e princípios ágeis".

Ou seja, em uma escala Likert[11] de 5 pontos + NA (não aplicável), 24 especialistas entenderam que o ágil, apesar de "implementado" na organização, ainda não tinha permeado para o modelo de pensamento de seus colaboradores.

Outros 60% também apresentaram algum nível de discordância com a afirmativa: "os colaboradores da empresa foram devidamente selecionados e treinados para assumir as novas funções dentro dos times ágeis antes do início da implantação das metodologias".

A pesquisa também aborda dimensões como participação da equipe e abertura ao erro, e nestas os números também sugerem um baixo nível de maturidade no tema agilidade.

Nesse sentido, a existência de um contexto em que ainda predomina uma cultura organizacional pouco madura torna a ação do *Scrum Master* uma tarefa desafiadora, principalmente quando a avaliamos à luz das características da cultura organizacional e da influência desta sobre o *Scrum Master*.

---

[11] A Escala Likert é utilizada para compreender as opiniões e atitudes de entrevistados em relação a um determinado produto, tema, valor ou afins. Ela serve às organizações para fazer medições e conhecer o grau de conformidade de uma pessoa ou respondente em relação a uma determinada sentença afirmativa ou negativa. As escalas Likert de 5 pontos tendem a possuir respostas que variam da concordância plena até a discordância plena, com uma opção neutra entre os extremos.

Em situações como essas, a melhor opção para o *Scrum Master* é construir uma relação sólida com o *sponsor* do projeto. O *sponsor* de um projeto de transição para um modelo ágil é, com certeza, uma das lideranças da organização. Dessa forma, e segundo os entendimentos de Schein (2009), é um membro da organização com capacidade de influenciar a sua cultura.

Adicionalmente, existe uma interdependência entre os interesses do *Scrum Master* e do *sponsor* – afinal, o sucesso da implementação do modelo ágil também será um sucesso desse líder.

Construa uma relação forte e de confiança com o *sponsor* do projeto. Subsidie-o de informações, demonstre os ganhos efetivos alcançados, apresente resultados de curto prazo e torne-o o porta voz das boas-novas sobre o mundo ágil.

Pode parecer tolo, mas esse trabalho de formiguinha permitirá que outros queiram compreender mais o que está ocorrendo que está auxiliando alguns projetos a se destacarem. E quando isso começar a ocorrer, seu *sponsor* também será seu porto seguro em eventuais conflitos.

Trabalhe bem, construa relações mutuamente benéficas, respeite os valores da organização, sustente o *sponsor* e conquiste seu espaço. Sucesso!

25. Ampliando a caixa de ferramentas do *Scrum Master* – Práticas complementares

Juliana Bóz Gazzi
Roberto Franair

É indiscutível que muitos vivenciaram uma imersão para adquirir conhecimentos e se tornar *Scrum Masters*, quer por treinamentos específicos ou por estudo de forma autodidata. Porém, são as situações do dia a dia que vão moldar e caracterizar se o conhecimento detido pelo *Scrum Master* é o suficiente para lidar com os desafios, que são muitos.

Pessoas, egos, comportamentos, processos engessados, hierarquia tradicional, ferramentas, práticas... até mesmo equipamentos estão no *pool* de desafios que chegam para o *Scrum Master*, que precisa estar alinhado com as necessidades e os problemas que possam surgir junto ao time.

Schwaber e Sutherland (2020) mencionam que os *Scrum Masters* são verdadeiros líderes que servem ao *Scrum Team* e à organização como um todo. Ainda assim, para fazer isso, ao contrário do que muitos imaginam, não é só de conhecimento em *Scrum* que sobrevive esse profissional.

Observando esse ponto de vista, quais práticas e ferramentas poderiam apoiar o *Scrum Master* na composição de seu cinto de ferramentas?

A resposta é: várias. Mas não se apavore, introduziremos visões, mesmo que de alto nível, sobre os conhecimentos mínimos em ferramentas para que o *Scrum Master* possa ir além.

25.1. Definindo uma trilha de conhecimento

De forma simplificada e resumida, dividimos esses conhecimentos em uma trilha técnica e uma trilha comportamental. Contudo, é importante destacar que acreditamos em um equilíbrio entre ambas.

Faça o entendimento do seu contexto e dos seus desafios, observe o relacionamento das pessoas e times e projete quais *skills* irão apoiá-lo de forma que você possa chegar a novos resultados com esses novos conhecimentos. Não existe o certo nem o errado, existe um caminho mais adequado ao seu tempo, investimento e resultado esperado.

✓ **Trilha comportamental:** esse é um bom caminho para adquirir ou aperfeiçoar *skills* comportamentais, de relacionamento, empatia e afins. Falamos de *Management* 3.0, comunicação não violenta, *team building* e facilitação.
✓ **Trilha técnica:** o *Scrum Master* deve obter conhecimentos técnicos para apoiar o time e o *Product Owner*. Estamos falando de conhecimentos sobre *Kanban*, métricas e priorização.

25.2. *Management* 3.0

Conhece aquele gestor que é detentor de toda a responsabilidade e controla de perto o trabalho de sua equipe? Provavelmente sim. O *Management* 3.0 vem com a proposta de mudar esse cenário. Trata-se de um modelo de gestão voltado para a valorização das pessoas e dos times.

Funciona através da criação de um ambiente de responsabilidades compartilhadas e uma liderança saudável, ao passo que mantém o foco nos sistemas de trabalho e suas restrições. Assim, por meio de uma gestão mais humanizada e as pessoas sendo destacadas como o ativo mais importante, uma consequência direta é o engajamento, a diminuição da rotatividade de pessoal e o aumento de produtividade.

Tem como princípios encantar a todos, melhorar tudo, envolver as pessoas, gerenciar o sistema e não as pessoas e, por fim, cocriar.

De forma resumida, as seis visões são:

✓ **Energizando pessoas:** aborda práticas para manter as pessoas energizadas, focadas, conscientes e engajadas de forma a trazerem seu melhor e colaborarem com seus pares.
✓ **Empoderando pessoas:** traz a percepção de autonomia para que pessoas e times se auto-organizem e possam expor suas ideias, sentindo-se à vontade para contribuir sabendo que ninguém será ridicularizado por isso.
✓ **Alinhando restrições:** busca apresentar limites, restrições, regras e norteadores para identificar a liberdade e a margem de atuação em que o time deve

se apoiar. Dentro dessa perspectiva, o time tem sua autonomia de realizar o trabalho da forma que julgar mais eficiente.

✓ **Desenvolvendo competências:** trata-se de viabilizar o autodesenvolvimento dos times através de iniciativas de compartilhamento de conhecimentos, evidenciando assim a característica de multidisciplinaridade.

✓ **Aumentando a estrutura:** com o avanço das práticas e tendo como consequência o aumento da colaboração e da comunicação, é incentivado o crescimento estruturado das áreas e dos processos da organização, sempre com base em qualidade.

✓ **Melhorando tudo:** com a finalidade de alcançar novos e melhores resultados, haverá a constante busca por melhorias. Os erros são vistos como oportunidades a serem exploradas, sempre com apoio e destravando o potencial dos colaboradores e do time.

Assim, envolto a uma gama de práticas e dinâmicas, o *Management* 3.0 é uma das melhores oportunidades de se trabalhar com uma liderança colaborativa, direcionando as equipes para que cresçam de forma autônoma e autossuficiente.

Consequentemente, entregarão resultados além do esperado em um ambiente seguro e tolerante a falhas com um grande sentimento de pertencimento. Sugerimos realizar pequenas ou poucas práticas, avaliar os resultados alcançados e assim seguir com mais e novas práticas em seu contexto. O material completo pode ser consultado no site do *Management* 3.0[12].

25.3. Comunicação não violenta – CNV

Esta é uma importante ferramenta de empatia, onde ajustamos nossas percepções sobre julgamentos e preconceitos. Criado por Marshall B. Rosenberg, é um método comunicativo baseado em quatro pilares: "observação sem julgamentos", "autoavaliação dos sentimentos", "identificação e comunicação das próprias necessidades" e "realizar pedidos em vez de mandar".

Essa ferramenta proporciona densas aplicações e pode levar o *Scrum Master* a outros patamares, quer profissionalmente ou pessoalmente, agregando grandes *skills* para mediação e resolução de conflitos, além da promoção da empatia e abertura para o diálogo.

---

12 <https://management30.com/practice/>.

A comunicação não violenta evita que julgamentos ocorram sem toda a clareza dos fatos, permeia mediações em situações que possam ser caóticas e inclui as pessoas em um processo baseado na intenção de contribuir para o bem-estar de todos, sempre com compaixão.

Rosenberg (2006) muito bem cita que "a empatia está em nossa capacidade de estar presente sem opinião".

25.4. *Team building*

Se o *Scrum Master* estiver em busca de um apoio para formação de times ou deseja quebrar restrições que possam estar incomodando o dia a dia da equipe, recomendamos o uso de práticas e dinâmicas de *team building*.

O resultado será de aproximação e criação de laços de comunicação e colaboração entre as pessoas. Também como consequência, será possível observar aumento de performance de forma mais rápida e efetiva, elevando o nível de confiança em seus pares e trazendo maior abertura para se expor e mostrar suas ideias.

Câmeras fechadas em reuniões *on-line*, falta de participação e colaboração são algumas das práticas que podem ser ajustadas e corrigidas através do *team building*. Mas, lembrando, não existe uma receita pronta, é preciso sensibilidade para identificar o que se encaixa em cada situação e momento do time.

25.5. Facilitação

Geralmente observada como um conjunto de técnicas para aplicação e mediação em reuniões, treinamentos, resolução de conflitos e afins, é entendida como um viés comportamental de neutralidade e de provocações para que determinados resultados esperados dentro de um contexto sejam alcançados.

O facilitador procura manter o foco, trazer equilíbrio e manter um ambiente seguro, que estará permeado pela colaboração dos participantes, sendo através de consenso ou consentimento, sempre em busca de aumentar a efetividade e a colaboração do grupo.

Fatores importantes para uma boa facilitação:

- ✓ Comece qualquer reunião reforçando seu objetivo.
- ✓ Observe se os envolvidos estão divagando demais sobre o tema e traga-os para o escopo.
- ✓ Observe o *timebox* da reunião e se estão ocorrendo avanços para o objetivo esperado.
- ✓ Reforce que ao final da reunião é recomendado ter conclusões, planos de ação e responsáveis.

Para quem tem interesse, o livro "Jornada da Facilitação" (MUNIZ *et al.*, 2022) aborda em muitos detalhes o assunto.

25.6. *Kanban*

Em 2004, pelas mãos de David J. Anderson, formatado com conceitos de sistema puxado e teoria de filas e fluxo, foi criado um método que hoje pode ser observado pela sua simplicidade, mas também pela robustez de suas cadências.

Apesar de ser reconhecido como um quadro para gestão visual de ações e atividades, possui o poder para gerenciar de forma efetiva toda uma cadeia de processos e desenvolvimento.

Para implementar o *Kanban* na sua organização sugerimos o STATIK. Barbosa (2020) descreve que as etapas desse processo não são necessariamente sequenciais, mas iterativas, usando o aprendizado de uma etapa para informar e influenciar as outras.

Os nove passos do STATIK são:

- ✓ Etapa 0: identificar todos os serviços da equipe e...

Para cada serviço...

- ✓ Etapa 1: entenda o que torna o serviço adequado ao cliente;
- ✓ Etapa 2: entenda as fontes de insatisfação com o sistema atual;
- ✓ Etapa 3: analise a demanda;
- ✓ Etapa 4: analise o recurso;
- ✓ Etapa 5: modele o fluxo de trabalho;
- ✓ Etapa 6: descubra as classes de serviço;
- ✓ Etapa 7: projete o sistema *Kanban*;
- ✓ Etapa 8: socialize o design e negocie a implementação.

É possível ter acesso a muito conteúdo gratuito sobre esse tema acessando <https://kanban.university/> e no livro "Jornada Kanban na Prática" (MUNIZ *et al.*, 2021a). O Capítulo 16 comenta a fundo a importância do *Kanban* para a transição.

25.7. Priorização

É muito comum depararmos com um *Product Owner* que possui um volume grande de necessidades a serem desenvolvidas. Diante dessa situação, é importante priorizar utilizando técnicas que darão suporte à manutenção e gestão das necessidades ou hipóteses esperadas do *product backlog*.

O *product backlog* é um artefato vivo, que com o passar do tempo possui necessidades que não são mais significativas ou mesmo que perderam o sentido para o contexto. O *Scrum Master* tem o papel de apoiar o *Product Owner* nessa atividade, e aí está a importância de conhecer diferentes técnicas de priorização. As abordagens mais comuns são valor de negócio x risco, CD3 (custo do atraso) e *MoSCoW*.

- ✓ **Valor de negócio x risco:** consiste na elaboração de uma matriz para compreender e refletir onde as necessidades ou hipóteses se encaixam melhor. A priorização possui os quadrantes de: evitar fazer, fazer primeiro, fazer por último e fazer em seguida.
- ✓ **Custo do atraso:** é uma matriz onde são apresentadas as referências de perda ao longo do tempo se uma determinada necessidade não for entregue ou concluída.
- ✓ ***MoSCoW*:** são categorias de priorização do método: *must-haves* (críticos ou obrigatórios), *should-haves* (devem ser feitos), *could-haves* (podem ser feitos) e *wouldn't-haves* (não devem ser feitos).

25.8. Métricas

Como saber se estamos melhorando? Como saber em que ponto estamos?

Com base nas palavras de Edwards Deming, "não se gerencia o que não se mede, não se mede o que não se define, não se define o que não se entende, e não há sucesso no que não se gerencia".

As métricas são o principal norteador de progresso quando os times já saem do escuro e começam a realizar as primeiras entregas. A melhoria contínua é uma busca necessária, mas para embarcarmos nessa jornada precisamos identificar inicialmente onde estamos.

Existem várias métricas que podem ser utilizadas. Citaremos as mais simples e que podem direcionar o avanço das entregas em um time:

- ✓ ***Throughput*** **(vazão):** nada mais é do que uma medida que determina quantas unidades de trabalho foram completadas em uma unidade de tempo. Estabelece quanto o fluxo é capaz de processar (ALBINO, 2017). Observa-se que deve existir uma média de vazão de entregas para times que já estão estáveis e maduros.
- ✓ **WIP (*Work In Progress* – trabalho em progresso):** restrição da quantidade de trabalho em andamento. Métrica muito associada ao *Kanban*, possui a máxima "pare de começar e comece a terminar". Apoia a ideia de início e realização de uma atividade até a conclusão, em vez de iniciar várias atividades sem a conclusão de nenhuma delas.
- ✓ ***Cycle time*** **(tempo de ciclo):** é a quantidade de tempo que uma atividade leva desde que é iniciada até a sua entrega. Aqui podemos ter a ideia de quanto tempo uma atividade leva para a sua conclusão, porém sem observar suas possíveis complexidades e dificuldades relacionadas.

25.9. Ferramentas

Como apoio para realização de dinâmicas, práticas e até mesmo viabilizadas pela recente crise sanitária de saúde (COVID-19), as ferramentas *on-line* foram o grande destaque e viabilizaram a realização de aulas *on-line*, videoconferências, trabalho em distribuição geográfica, consultas médicas *on-line*, além do próprio teletrabalho.

Com a visão de um *Scrum Master* que necessita apoiar seu time quer presencialmente, *on-line* ou de forma híbrida, é de extrema importância conhecer algumas ferramentas *on-line*.

- ✓ ***Boards*** **de facilitação:** quadros *on-line* onde pessoas e times podem atuar de forma colaborativa expressando suas ideias e apoiando os demais na realização de suas atividades e retrospectivas. Ex.: Whiteboard, Metro Retro, Miro e Mural.
- ✓ **Conferência *on-line*:** ferramentas que viabilizam aulas, apresentações e reuniões que possam acontecer *on-line* sem impactos demográficos. Ex.: Meet, Zoom e Microsoft Teams.

- ✓ **Gerenciamento:** ferramentas que realizam o acompanhamento e andamento das atividades, permitindo dar visibilidade e previsibilidade sobre a conclusão destas. Ex.: Jira, Trello, Azure DevOps e Redmine.
- ✓ **Documentação:** versões altamente colaborativas de documentos de texto e planilhas eletrônicas. Ex.: Google Documentos, Google Planilhas, Microsoft Word, Microsoft Excel e Confluence.
- ✓ ***Quiz/Poll*:** indicado para ações de quebra-gelo ou mesmo para o levantamento rápido de ideias ou apoiar quando as pessoas possuem algum receio ou medo de exposição. Traz uma dinâmica de jogos que geralmente não possui resistência no uso ou na aplicação. Ex.: Mentimeter, Kahoot e QuizUp.
- ✓ **Protótipos e design:** facilita a criação de protótipos e *mockups* ou até mesmo de desenhos mais simples para trazer a ideia de um contexto inicial, para que possam ser posteriormente mais elaborados e colocados à prova pelo cliente a fim de validar se estão no caminho certo. Ex.: Wireframe.cc, Mockflow, Balsamiq, Zeplin e Figma.

Por mais inovadoras e excitantes que todas essas ferramentas possam parecer, os maiores companheiros do *Scrum Master* vão ser sua sensibilidade e sua percepção – estas sim formas poderosas de identificar cenários e situações para o melhor uso das ferramentas que servirão de apoio para chegar de forma mais breve aos resultados.

Cuidado: "para quem só sabe usar martelo, todo problema é prego".

26. Em um grande emaranhado de reuniões, onde está o *Scrum Master*?

Carina Garbin Baticini
Juliana Bóz Gazzi

Quando iniciamos no papel de *Scrum Master*, nossa missão era atuar em times que já utilizavam *Scrum*; e, de cara, tivemos a mesma dúvida de grande parte dos profissionais: o quanto estávamos contribuindo em cada um dos eventos do *Scrum*?

Teoricamente, *Scrum* é um *framework* simples, o que abre brechas para interpretações e questionamentos. Muitas foram as vezes em que recorremos ao *Scrum Guide* para esclarecer dúvidas, até entendermos que esses esclarecimentos só viriam com a prática.

Não raramente, um *Scrum Master* atua em mais de um *squad* e, por consequência, identifica inúmeros pontos de melhoria a serem trabalhados. Quando queremos abraçar o mundo e estar presente em todos os eventos, não conseguimos implementar melhorias. Logo, a habilidade em identificar prioridades e fazer escolhas fica ainda mais desafiadora e imprescindível.

Barbosa (2012) exemplificou o processo da administração do tempo através de três esferas:

1. Todas as atividades que são significativas e que trazem resultado (a curto, médio ou longo prazo), que possuem tempo para serem feitas e podem esperar, são classificadas na **esfera da importância**.
2. As atividades para as quais o tempo é curto ou se esgotou, que não podem ser previstas, mas que geralmente causam estresse, estão classificadas na **esfera da urgência**.
3. A **esfera da circunstância**, por sua vez, cobre as tarefas desnecessárias e com as quais gastamos tempo de forma inútil.

Administrar o tempo é uma das tarefas mais complexas do dia a dia, por isso frequentemente ouvimos: "não tive tempo" ou "não tenho tempo para isso". A essas pessoas questionamos: como está a sua definição de prioridade? Se a sua resposta foi "ela não existe", fique tranquilo, grande parte das pessoas não possui esse senso definido.

Como costumam dizer, "quando tudo é prioridade, nada é prioridade". Definir prioridade não é uma tarefa fácil, exige disciplina. Ross (2019) sugere um método chamado de "lista do que não fazer", que se baseia na ideia de que você não consegue e não precisa fazer tudo. Funciona assim: faça uma lista de atividades que precisam ser feitas, escolha apenas três itens e o resto passará a ser da "lista do que não fazer". Assim, você passa a ter mais tempo para se dedicar ao que importa.

Segundo Mckeown (2015), se não estabelecermos prioridade, alguém fará isso por nós. Quando somos capazes de identificar onde nosso ponto máximo de contribuição está, significa que conseguimos eliminar o que não é essencial e manter o foco no que conseguimos agregar. As etapas do *Scrum* são finalizadas e iniciadas por meio de eventos, porém de nada adianta estar apenas de corpo presente – por isso a importância de saber priorizar.

Prikladnicki, Willi e Milani (2014) citam que o *Scrum Master* tem a responsabilidade de fazer com que a reunião flua de forma adequada, utilizando técnicas de facilitação, embora não seja o responsável por conduzi-las. Esses eventos possuem duração fixa e é de extrema importância que, quando houver divergências que estejam prolongando as discussões, que sejam rapidamente resolvidas.

26.1. *Planning*

Quando falamos de métodos ágeis, falamos de entrega de valor. Para ter alinhamento entre a necessidade do cliente e a construção do produto/serviço, focamos em planejamento – não de forma isolada, mas sim repetidamente, para estarmos aptos a responder às mudanças e realizar as adaptações.

A via natural de uma reunião de planejamento da *Sprint* é que a figura de *business* conduza, esclarecendo alguns tópicos, como, por exemplo, qual a entrega de valor e o que faremos nesta *Sprint*. Para responder a tais perguntas, Audy (2015) sugere um momento produtivo e eficiente: fazer a *planning* pela manhã, agregando um bom café/chá e mãos à obra. Esse evento tem *timebox* definido com duração máxima de oito horas para uma *Sprint* de um mês; já para *sprints* mais curtas o seu tempo geralmente diminui (SCHWABER; SUTHERLAND, 2020).

O intuito da participação do *Scrum Master* na *planning* é auxiliar o *squad* a construir as respostas para os tópicos a seguir, sanar dúvidas e gerar alinhamento quanto ao propósito da *Sprint*. Uma pauta mais detalhada para chegar ao objetivo poderia ser:

- ✓ Iniciar alinhando datas e andamento do projeto.
- ✓ Apresentar a média do *velocity* e DoD (*Definition of Done*).
- ✓ Apresentar os itens de trabalho.
- ✓ Definir como fazer e estimar.
- ✓ Definir o objetivo e o pacto de trabalho para o sucesso da *Sprint*.

Se o *squad* inserir na *Sprint* uma quantidade maior de itens do que a capacidade de entrega, o *Scrum Master* pode interferir, de maneira a atentar para a realidade dos números e para qual seria a alocação ideal para uma *Sprint* saudável tanto psicologicamente quanto para entrega de valor. Esse problema costuma acontecer quando as pessoas não possuem maturidade e acabam por ignorar a métrica de *velocity*.

Você vai se perguntar: por que a facilitação não é feita pelos demais integrantes do *squad*, se o objetivo e a pauta são conhecidos? Ocorre que existem personalidades distintas num *squad* e nem sempre existe ambiente de segurança para questionar. Em outros casos, o *squad* pode não perceber que o item de trabalho não atende aos critérios de *Definition of Ready*.

Para que a reunião não seja desgastante, o trabalho do *Scrum Master* começa um passo atrás, identificando junto ao *squad* as definições básicas do que é um item preparado para entrar na *Sprint* (DoR – *Definition of Ready*) e um item pronto para ser liberado ao usuário DoD (*Definition of Done*). Esses são acordos essenciais para qualquer *squad*.

Quando o *Product Owner* ou *Tech Lead* não possui experiência, é necessário que o *Scrum Master* facilite o evento de forma temporária, com o intuito de direcionar e demonstrar as melhores práticas bem como o seu objetivo.

Em suma, na grande parte do tempo, o *Scrum Master* tem o papel de questionar sempre sendo imparcial. Não faz parte do seu papel tomar partido, mas é preciso ter tato para perceber quando o *Product Owner* está pressionando, possivelmente devido a causas externas (leia-se clientes ou executivos cobrando prazos e entregas), ou quando os demais integrantes do time estão sendo preciosistas demais. A *planning* também é um momento para o time construir esse ponto de equilíbrio.

Uma *planning* ruim normalmente resulta em uma *Sprint* problemática. A reunião não precisa ser tensa ou chata; ela precisa ser produtiva e um momento de alinhamento.

26.2. *Daily*

Sprint acontecendo e o evento mais conhecido do *Scrum* se aproxima: vem chegando a famosa *daily*. O que o *Scrum Master* faz durante esses tão temidos 15 minutos do dia a dia do *squad*?

Essa reunião existe para deixar o time alinhado sobre o progresso em direção à meta da *Sprint* e, caso necessário, produzir um plano de ação (SCHWABER; SUTHERLAND, 2020).

Para Sutherland (2019), a *daily* é a batida do coração do *Scrum*. Ela é bem-sucedida quando feita todos os dias no mesmo horário, durante não mais do que 15 minutos e respondendo aos questionamentos corretos.

Essa reunião proporciona um momento muito eficaz para identificar as dores do *squad*, além de fornecer insumos para a retrospectiva. Quando a *daily* de forma repetitiva possui duração maior que 15 minutos, significa que a comunicação não está fluindo, que existem dúvidas técnicas/de negócio ou que as etapas não foram respeitadas.

O *Scrum Master* não tem a obrigatoriedade de ser um facilitador nem precisa estar presente todos os dias. Como Costa *et al.* (2021) muito bem descrevem, a *daily* precisa ser direcionada e não conduzida. Quem melhor para conduzir do que o próprio *squad*? O ponto de alerta aqui é a perda de foco – nesse caso, se o *Scrum Master* estiver presente, pode auxiliar com dicas ou direcionamento para retomar o objetivo da reunião.

Quando o *squad* ainda não possui sinergia, é possível utilizar perguntas guias para manter o foco e não desvirtuar seu propósito. Sutherland (2019) sugere três questionamentos a cada integrante: 1) o que você fez ontem para ajudar a equipe a atingir o objetivo da *Sprint*? 2) o que fará hoje? 3) há algum obstáculo que esteja impedindo de alcançar a meta?

O ponto de atenção aqui é evitar transformar esse momento em um *status report*. Recentemente o *Scrum Guide* foi revisitado, e, dada a percepção da distorção no objetivo principal da *daily*, essas perguntas foram retiradas do documento.

Ainda assim, nada é escrito em pedra. Então se para o seu *squad* ter perguntas base gera produtividade e objetividade, recomendamos adaptar as perguntas e o formato da reunião ao longo das *sprints*. Acreditamos que o mais importante é o *squad* valorizar e sentir que esse momento vem trazendo resultados.

26.3. *Review*

Gostamos de dizer que a *review* é o momento de brilhar, de demonstrar entrega de valor e de encantar. Não se trata de um momento só do *squad*. Sutherland (2019) reforça que, além da participação do *Product Owner*, do *Scrum Master* e do time *dev*, seria interessante trazer os *stakeholders*, o comando da empresa, os clientes etc.

Nessa reunião aberta será demonstrado apenas o que estiver concluído, sem necessidade de trabalho adicional. Pode não ser um produto completo, mas deve ser a funcionalidade completa de um produto (SUTHERLAND, 2019). Não é hora de testar nem de homologar itens. Se o *squad* não estiver seguro de sua entrega, provavelmente está faltando alguma coisa para que o produto esteja de fato finalizado.

Schwaber e Sutherland (2020) citam que na *Sprint Review*, além de apresentar os resultados de seu trabalho para os principais *stakeholders*, também é avaliado o progresso em direção à meta do produto. Esse evento tem *timebox* definido com duração máxima de quatro horas para uma *Sprint* de um mês. Já para *sprints* mais curtas o seu tempo geralmente é reduzido (SCHWABER; SUTHERLAND, 2020).

Nesse momento o uso de métricas de produto pode ser relevante e contribuir para que o *product backlog* também seja ajustado a fim de atender a novas oportunidades. Porém, cuidado para não tornar esse um momento de longas discussões de estratégia.

Quando os *stakeholders* e os clientes participam da *review*, o time precisa ter um posicionamento diferente, sendo prático e efetivo em suas colocações e demonstrações. Esse tipo de provocação cabe ao *Scrum Master*, já que ele possui uma visão além do trabalho rotineiro. Surpreender e principalmente fazer a demonstração da entrega em funcionamento não se limita a *slides* ou a fazer a demonstração ao vivo. Use a criatividade.

E o *Scrum Master* deve participar ou não da *review*? Entendemos que participar da *review* não é obrigatório, mas pode ser mais estratégico do que se imagina. Além de estar ali com um olhar de facilitação procurando trazer os participantes para o foco do momento, também auxilia o *Product Owner* nos questionamentos ao cliente quanto a *feedback* e a absorver as oportunidades de melhoria, além de encorajar os integrantes a se posicionar diante de um público maior.

O *Scrum Master* é a figura que incentiva a participação de todos os integrantes com o intuito de contribuir com suas opiniões referentes à entrega realizada.

26.4. *Retrospective*

Chegou a hora de fechar a *Sprint* com chave de ouro. Nós, *Scrum Masters*, adoramos esse momento – já os integrantes do *squad* podem não ter uma opinião unânime. Possivelmente existem variados motivos para isso, e talvez o que causa maior impacto é não ter um bom ambiente de segurança e confiança.

É um evento para dar voz, trazer as dores à tona e propor mudanças. Sutherland (2019) define retrospectiva como um momento em que o *squad* se reúne e expõe o que deu certo, o que poderia ter sido melhor e o que pode ser melhorado para a *Sprint* seguinte. Ele reforça a necessidade de um clima de confiança e maturidade emocional. Considera-se essencial lembrar que não estão procurando em quem pôr a culpa, estão de fato examinando o processo e o que pode ser implementado de modo imediato.

O *Scrum Master* é o responsável por preparar e facilitar a retrospectiva, fazendo perguntas poderosas e abordando acontecimentos da *Sprint* para trazer para a reflexão. Esse evento tem *timebox* definido, com duração máxima de três horas para uma *Sprint* de um mês. Já para *sprints* mais curtas, o seu tempo geralmente é menor (SCHWABER; SUTHERLAND, 2020).

Para planejar esse evento, alguns fatores precisam ser observados. Segundo Coimbra e Caroli (2021), é recomendado entender em qual momento o *squad* está: se estão no início de sua jornada juntos ou se já estão trabalhando em incrementos há mais tempo. Esse entendimento dá o norte para montar e gerir a retrospectiva.

Algumas dicas são importantes, e a maior delas é: esteja no dia a dia dos times. Isso vai ajudá-lo a montar a estratégia da retrospectiva. Elaborar perguntas e dinâmicas para chegar na raiz dos problemas será mais fácil se você se fizer presente junto ao *squad*.

Procure não fazer mais do mesmo. Varie a forma de abordar os temas, traga temáticas divertidas, torne esse momento leve e descontraído. Um dos maiores bancos de ideias de retrospectivas é o livro "Fun Retrospectives" (COIMBRA; CAROLI, 2021). Use-o e vá além, seja criativo para abordar temas que se conectem com a cultura do *squad* ou da empresa.

Observe a linguagem que você vai utilizar. Torne este um momento inclusivo, seja prático, traga métricas para a mesa, mas também seja acolhedor e traga elementos que valorize a jornada de crescimento do *squad*. Sempre finalize certificando-se de que o *squad* está confortável com os planos de ação que se comprometeu a realizar.

Retrospectiva sem *Scrum Master* pode existir sim. Recomendamos? Não.

Algum integrante do *squad* pode até "quebrar um galho" em alguma *Sprint* onde tenha ocorrido um imprevisto, mas não recomendamos manter como uma prática.

26.5. Reuniões estratégicas

O *Scrum Master*, mesmo que atuando a nível de *squad*, é frequentemente envolvido em reuniões estratégicas, apoia o time de RH com ações que se conectam com a cultura dos *squads*, fora outras situações aleatórias. Se essa é a sua realidade, comemore. Sinal de que a organização está considerando transformação ágil como uma estratégia.

Estar presente nessas reuniões é extremamente importante, porém é preciso conciliar com sua agenda previamente comprometida com os *squads*. É relevante levar em consideração que se você se comprometer com tudo, poderá deixar os *squads* desassistidos. Entretanto, haverá momentos em que o assunto que será abordado é tão impactante que o *squad* vai precisar sentir sua ausência. Tudo é uma questão de equilíbrio.

As pessoas precisam sair do modo fazer e ir em direção ao entendimento do porquê fazer, dando sentido ao seu trabalho e aos resultados como um todo, em sua carreira e para a empresa (ANDRADE, 2018).

O *Scrum Master* não vai acertar sempre e possivelmente vai deparar com momentos em que priorizou errado qual reunião deveria estar presente. Cashman (2011) cita: "não tenha medo de expor suas vulnerabilidades. Admita que você não sabe o que não sabe. Quando reconhecer suas fraquezas e pedir conselhos, você ficará surpreso como os outros o ajudarão".

27. O futuro do *Scrum Master* e da agilidade

Claudia Regina da Silva Rocha

Agora que você conquistou a tão sonhada vaga de *Scrum Master*, ampliou sua caixa de ferramentas e já colocou em prática muito do que você aprendeu, deve estar se perguntando... e agora, quais devem ser os meus próximos passos?

Como sabemos, esse universo da agilidade e do digital se transforma muito rapidamente. Você, como um agente de mudança no seu time e na sua empresa, deve estar atento ao mercado, às suas tendências e movimentações.

Claro que sua atuação vai depender muito do escopo de abrangência do seu trabalho, que pode estar mais focado a nível de time ou mais a nível organizacional. Independentemente da sua atuação, é muito importante que você sempre esteja buscando a sua melhoria contínua e a do seu time.

Neste capítulo vamos trazer alguns temas que estão em alta entre os *Scrum Masters* e as empresas e que podem servir de ponto de partida para impulsionar seu futuro na agilidade e como *Scrum Master*.

Convidamos você a dar um novo passo, venha conosco nessa jornada!

Venha conhecer um pouquinho desses temas!

27.1. OKR

OKR (*Objectives and Key Results*) é uma metodologia para planejamento e gestão empresarial. Sua popularização ocorreu em 1999, dentro da Google, pelas mãos de John Doerr.

Seu foco é garantir que todos na organização caminhem na mesma direção, com a mesma prioridade. Pode ser aplicada de ponta a ponta (em todos os níveis da organização) ou somente onde a organização considerar mais adequado. Por exemplo, podemos aplicá-la em produtos, por unidade de negócio, departamento ou em times.

Eles são ponte para conexão entre estratégico, tático e operacional.

Ao incentivarmos o uso de OKRs em uma organização, buscamos:

- ✓ foco e comprometimento com as prioridades;
- ✓ times alinhados e conectados;
- ✓ responsabilidade e acompanhamento de resultados;
- ✓ times sem medo de sonhar grande.

Os OKRs devem demonstrar o que pretendemos, e não a solução a ser aplicada. Eles incentivam a cultura generativa, permitindo a cocriação, o alinhamento de ações, o conhecimento e a inovação conjuntos.

Não devem ser cascateados de um nível a outro da organização, e sim desdobrados entre as áreas e times, possibilitando o alinhamento e a sinergia dos times quanto ao resultado esperado.

Entenda como um OKR se estrutura:

Tabela 27.1. Estrutura OKR.
Fonte: a autora.

Estrutura	Definição	Características	Que perguntas devem responder
O (*Objective*)	O objetivo reflete um PROPÓSITO, algo que se pretende alcançar por meio de ações.	- O objetivo é qualitativo. - Deve ser simples e de fácil entendimento. - Deve ser aspiracional e desafiador. - Não devem ser muitos.	- Qual o direcionador de mercado que pretendemos seguir? - Qual a prioridade da empresa? - Para onde quer ir?
KR (*Key Results*)	São os resultados-chave que esperamos atingir a partir do objetivo definido.	- Os KRs são quantitativos. - Devem ser mensuráveis e disponíveis. - Medem hipóteses de resultado.	- Como atingiremos nosso objetivo? - Como medimos nosso progresso em direção a esse objetivo?

Após a definição dos OKRs, estes necessitam ser acompanhados pelos times e pela organização periodicamente. Sempre que forem identificados riscos no atingimento dos resultados-chave, estes devem ser tratados e ações corretivas tomadas.

Você, como *Scrum Master* do time, deve ter clareza sobre os OKRs da organização e como foram desdobrados, auxiliando seu time no entendimento, no acompanhamento e na medição adequados. Para mais detalhes sobre o assunto, sugiro a leitura do livro "Jornada OKR na prática" (MUNIZ *et al.*, 2021b).

27.2. *Business agility*

Business agility é a capacidade de uma empresa de se adaptar às mudanças de mercado e às necessidades de seus clientes.

A era digital revolucionou os modelos de negócio e a forma como nós clientes consumimos, obrigando as empresas a se adaptar às necessidades e muitas vezes precisando reinventar seus próprios negócios. Atualmente *business agility* não é uma opção: significa a sobrevivência de muitos negócios.

Mas por que uma empresa necessita ser ágil?

- ✓ ***Time to market***: para responder rapidamente às mudanças de necessidade e comportamento do cliente e do mercado.
- ✓ **Centrada no cliente:** para focar na necessidade do cliente e se adaptar para melhor atendê-lo.
- ✓ **Por sobrevivência:** para ser mais competitiva, resiliente e adaptativa.
- ✓ **Ser eficaz:** para entregar ao cliente aquilo que ele necessita/deseja no tempo adequado.
- ✓ **Ser eficiente:** para entregar valor ao cliente de forma rápida, com qualidade e a custos adequados.

Para obtermos sucesso com *business agility* é necessário que toda a empresa tenha um *mindset* ágil e entenda a importância de levar a agilidade para todas as áreas da organização.

Quando aplicamos a agilidade apenas em uma parte da organização, é bem provável que seu resultado seja limitado, visto que pode haver dependências entre times dentro da organização. Por exemplo, se aplicarmos a agilidade em times de desenvolvimento de software e esses times possuírem dependências com times de áreas que não trabalham de forma ágil (por exemplo, comercial ou jurídico), seus compromissos e tempos podem ser diferentes, impactando as entregas do time de desenvolvimento.

Uma das formas de levarmos a agilidade para os negócios é deixarmos de ser "organizações mecânicas" e nos transformarmos em "organizações orgânicas".

Para Morgan (1996, p. 22-41), há "organizações vistas como máquinas" e há "organizações vistas como organismos" (orgânica).

Quando falamos em organizações mecânicas, estamos focamos em empresas burocráticas, onde a hierarquia é *top-down,* as pessoas estão organizadas por silos e recebem instruções de trabalho bem detalhadas. A liderança diz ao time como executar as atividades. Já quando estamos falando em organizações orgânicas, estamos falando em lideranças que mostram a direção e facilitam a ação do time, o time tem a responsabilidade de ponta a ponta pelo que deve ser feito e é ele quem define o "como" executar. Há menos hierarquia e mais colaboração, os times têm mais flexibilidade e reagem às mudanças mais rapidamente.

Claro que, para se transformarem em organizações orgânicas, as empresas necessitam preparar tanto seus times quanto suas lideranças. Seus times necessitam estar tanto preparados tecnicamente (para definir o "como fazer" mais adequado para cada problema/desafio) quanto de forma comportamental, pois precisam estar preparados para trabalhar colaborativamente e empoderados para tomar decisões que estão no seu âmbito de atuação. Já as lideranças deverão focar no desenvolvimento de *hard skills* e *soft skills* dos seus liderados. Também deverão estar mais preocupados em informar a missão do time do que indicar como executar essa missão. Há grandes desafios tanto para as lideranças quanto para os liderados na adoção de organizações orgânicas.

Você como *Scrum Master* tem uma missão muito importante nessa transformação de organizações mecânicas em orgânicas, pois deverá estimular o time a ter atos de liderança, incentivar a colaboração entre seus integrantes e outras áreas da empresa e principalmente trabalhar no empoderamento do time. Para mais detalhes, sugiro a leitura do livro "Jornada Business Agility" (MUNIZ *et al.*, 2021c).

27.3. Ágil escalado

Ágil escalado é um conjunto de práticas ágeis que estão sendo escaladas para serem utilizadas por um conjunto maior de times e pessoas. Ele é formado por uma ou mais cadeias de valor ou produtos que atuam juntos, de maneira totalmente integrada, por meio de equipes, para que uma mesma meta possa ser alcançada pela empresa.

Aconselhamos o uso de um *framework* escalado quando:

- ✓ o ágil já foi implementado em nível de equipe e agora a empresa deseja implementar essa abordagem em uma ou mais equipes/áreas;
- ✓ há várias equipes executando suas próprias implementações ágeis, mas há problemas de planejamento entre elas;
- ✓ a escalada de ágil na sua empresa ainda não deu certo e necessita de uma estratégia que atenda a todas as áreas de negócio;
- ✓ a organização precisa melhorar seus *lead times* de desenvolvimento de produto.

A seguir listamos alguns *frameworks* que escalam o ágil e podem auxiliar a sua empresa.

27.3.1. LeSS (*Large-Scale Scrum*)

O *LeSS* fornece dois *frameworks Scrum* de grande escala diferentes (*LeSS* e *LeSS Huge*).

A maioria dos elementos de dimensionamento do *LeSS* está focada em direcionar a atenção de todas as equipes para o produto inteiro, em vez de "minha parte".

Você pode buscar mais detalhes sobre esse *framework* acessando o site <https://less.works/less/framework>.

27.3.2. DAD (*Disciplined Agile Delivery*)

Disciplined Agile Delivery (DAD) é uma abordagem ágil híbrida orientada para o aprendizado e a entrega de soluções de TI.

O DAD tem um ciclo de vida de entrega de valor, é orientado a metas, tem reconhecimento empresarial e é escalável.

Você pode buscar mais detalhes sobre esse *framework* acessando o site <https://www.pmi.org/disciplined-agile/process/introduction-to-dad>.

27.3.3. *Nexus*

O *Nexus* é uma estrutura para desenvolver e sustentar iniciativas de entrega de produtos em escala. Ele se baseia no *Scrum*, estendendo-o apenas aonde for absolutamente necessário para minimizar e gerenciar dependências entre vários times *Scrum*, promovendo o empirismo e os valores do *Scrum*.

Você pode buscar mais detalhes sobre esse *framework* acessando o site <https://www.scrum.org/resources/nexus-guide>.

27.3.4. *SAFe®*

O *Scaled Agile Framework* (*SAFe®*) é um conjunto de padrões de organização e fluxo de trabalho destinado a orientar as empresas no dimensionamento de práticas enxutas e ágeis. Ele promove alinhamento, colaboração e entrega em um grande número de equipes ágeis. Foi desenvolvido por e para profissionais, alavancando três corpos primários de conhecimento: desenvolvimento ágil de software, desenvolvimento de produto enxuto e pensamento sistêmico.

Você pode buscar mais detalhes sobre esse *framework* acessando o site <https://www.scaledagileframework.com/#>.

Você como *Scrum Master*, percebendo a ocorrência das situações que sugerem uso do ágil em escala, pode conversar com seus pares e lideranças e validar a possibilidade de implementar um *framework* que escale o ágil. Esse tema é bem abordado no livro "Jornada do Ágil Escalado" (MUNIZ *et al.*, 2020b).

27.4. Felicidade e trabalho

Para Carla Furtado (2022), diretora do Instituto Feliciência, especialista em felicidade, estar feliz é uma consequência de alguns fatores que podem ser controlados por nós.

A especialista listou algumas dicas para que as pessoas conquistem a felicidade:

- ✓ **Autonomia:** grande parte da conquista da felicidade depende somente de nós, das escolhas que fazemos durante a vida.
- ✓ **Pensamento:** pensamentos positivos e relaxamento são capazes de tornar a vida mais leve.
- ✓ **Dinheiro x felicidade:** depois de supridas as necessidades básicas, como conforto, casa, comida e saúde, o dinheiro já não agrega muito.
- ✓ **Relação tempo-felicidade:** o tempo com a família e amigos é fundamental para uma vida feliz.

✓ **Gratidão:** a gratidão ativa a área de recompensa do cérebro, fazendo com que nos sintamos imediatamente felizes. Ela é capaz de diminuir sentimentos tóxicos.

Já a professora Amy C. Edmondson (2020) afirma que, quando se sentem seguras no ambiente de trabalho, as pessoas podem contribuir com ideias e compartilhar suas preocupações. Já em ambientes onde o medo é fator dominante, as oportunidades de crescimento são reduzidas e os riscos são ampliados.

Atualmente algumas empresas estão trabalhando para criar uma **cultura de segurança psicológica**, eliminando assim a percepção dos colaboradores de que devem "se encaixar" e "saber seu lugar" para serem aceitos.

Você como *Scrum Master* do time deve trabalhar por um ambiente de cultura de segurança psicológica onde todos os seus integrantes se sintam à vontade para dar ideias e compartilhar experiências, sem medo de julgamentos. Sabe-se que indivíduos felizes e que se sentem seguros em seu ambiente de trabalho são mais criativos e colaborativos no seu dia a dia.

27.5. Seguindo a caminhada...

Independentemente do caminho que você siga, o importante é ter em mente que o mundo está em constante transformação e o que é válido hoje pode mudar amanhã. A única certeza que temos é de que as coisas vão mudar, e é isso que move o mundo, que nos faz melhores.

No papel de *Scrum Master* ou qualquer outro que você decida seguir, seja sempre curioso, busque conhecimento, comunidades de práticas e pessoas dispostas a ajudar e trocar experiências. Ajude os outros também: a colaboração é exponencial. Juntos somos melhores.

Esteja aberto a aprender, desaprender e reaprender; esteja aberto ao novo e às várias possibilidades que ele nos apresenta. Seja sua melhor versão e não se preocupe tanto com a velocidade da sua trajetória. Foco e paixão nos levam à excelência, à melhoria contínua e ao sucesso. Vá lá e faça o seu melhor!

PARTE VI.
CASES E *PODCASTS*

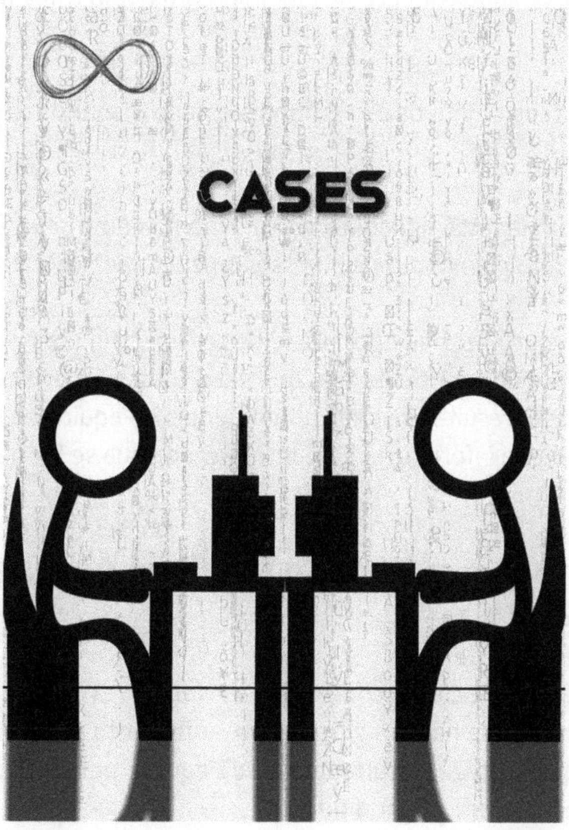

28. A importância do *feedback* – Satisfação *versus* resultados

Arcílio Damiati
Camila Alves de Carvalho

28.1. A importância do ciclo de *feedback* e os reflexos nos resultados do time

A realização de ciclos de *feedback* talvez seja a "mina de ouro" das pessoas envolvidas em projetos. É quando conhecemos melhor com quem trabalhamos e com isso evoluímos.

"Mas será que nossos objetivos profissionais e nossos sonhos pessoais não estão relacionados?"

Podemos dizer que um está ligado ao outro. Não há como separar as pessoas e o profissional, pois conseguimos alcançar nossos objetivos pessoais através do trabalho.

É nesse momento que entra a importância de ter um ciclo contínuo. Quando citamos a palavra ciclo é no sentido de algo que vai e volta para o início, ou seja, o *feed* (a ação) seria o nosso resultado apresentado dentro da equipe na empresa. O *back* (o resultado) seria uma informação bem interpretada que se faz necessária.

28.2. Aplicando a cultura do *feedback* no dia a dia do *Scrum Master*

O *Scrum Master* é sempre citado como líder servidor do time em que está inserido, ao mesmo tempo em que não é o gestor. Isso é um ponto de desafio para o *Scrum Master*: ele tem que entregar resultados da sua equipe, porém não deve cobrar resultados como se fosse um gestor direto.

"E como podemos superar isso?"

Inspirando as pessoas da equipe e fazendo com que elas nos vejam como um líder servidor realmente. Estamos ali para remover os impedimentos, para proporcionar um ambiente de trabalho melhor, engajar o time e ter bons resultados.

"E como podemos ser reconhecidos como líderes e aliar isso a ciclos de *feedback*?"

O *Scrum Master* é a pessoa que o time busca quando há problemas técnicos, como impedimentos em um ambiente de desenvolvimento, por exemplo.

"Mas será que não podemos também avançar e ser um apoio que as pessoas procuram quando estão descontentes com a carreira, com a posição dentro da empresa, com o seu papel dentro do time?"

Quando o *Scrum Master* começa a resolver "problemas" além do dia a dia técnico, a confiança da equipe aumenta, o engajamento com o projeto evolui e o resultado de seu papel como líder é cada vez mais o time se comprometer com as entregas, pois quando se trabalha satisfeito, sabendo que tem alguém que realmente está cuidando da equipe, tudo fica melhor – afinal, a empatia está presente.

Vamos abordar agora o ciclo de *feedback* dentro do time que passamos a chamar de "Saúde do Time", assim como foi citado no livro "Sprint a Sprint" (PROVINCIATTO; CAROLI, 2020).

Uma equipe é formada de pessoas, e pessoas têm emoções, sentimentos que nem sempre acabamos expondo em uma conversa profissional. Então, por que não utilizamos um formulário com perguntas estratégicas para mensurarmos a "saúde do time" de acordo com alguns pontos-chave para uma equipe? Exemplo:

- ✓ Qual é o seu papel no time?
- ✓ O que o motiva?
- ✓ Quais são seus pontos de melhoria?
- ✓ O que o impede de evoluir?

O *feedback* coletado nesse tipo de questionário é excelente. Permite reunir informações valiosas sobre o contexto geral do time e possibilita trabalharmos posteriormente os *feedbacks* em reuniões 1:1 de maneira muito mais objetiva.

28.3. O *case* de saúde do time que mudou os resultados de um *squad*

Vamos contar um *case* de sucesso que obtivemos em um *squad*, como um exemplo dessa cultura de *feedback*.

Ingressamos no time em um momento de transição de carreira, e isso por si só já traz um grande desafio logo no início, pois é preciso conquistar a confiança do time como *Scrum Master* e continuar proporcionando um ambiente seguro e sem impedimentos. O *feedback* iria trazer essas respostas e foi o que fizemos!

O formulário inicial foi composto por questões objetivas para pontuar a satisfação e questões dissertativas para que, como líderes servidores e gestores, pudéssemos entender o que levou a determinado resultado.

28.3.1. As questões utilizadas e o objetivo

Devemos iniciar o formulário explicando o objetivo esperado e como isso impactará de maneira positiva o dia a dia da equipe. É importante ter esse tipo de informação mesmo que anteriormente já tenha sido realizada uma explicação. Faça um texto simples e objetivo como: "os dados obtidos através deste formulário serão levados à gestão para que possamos melhorar os pontos fracos e praticar ainda mais os fortes".

Antes de iniciar as questões, solicite o nome (não é obrigatório, mas facilita a reunião 1:1 posteriormente). Deixe claro aos colaboradores que de modo algum as respostas irão prejudicá-los em algum momento, muito pelo contrário.

Vamos às questões:

1. Como você se sente em relação à empresa? Dê uma nota de 1 a 5, onde:

1. Muito insatisfeito
2. Insatisfeito
3. Neutro
4. Satisfeito
5. Muito satisfeito

O objetivo é mensurar a satisfação com a empresa e evitar *turnover.*

2. Que motivos o levaram a pontuar com essa nota?
A pergunta é dissertativa e tem como objetivo entender o(s) motivo(s) da nota aplicada, para posteriormente trabalhar a questão junto aos gestores diretos e ao RH.

3. Como você se sente em relação ao seu papel no time? Dê uma nota de 1 a 5, onde:

1. Muito insatisfeito
2. Insatisfeito
3. Neutro
4. Satisfeito
5. Muito satisfeito

O objetivo é mensurar a satisfação do colaborador com o seu papel no time, pois podemos ter satisfação com a empresa e não ter com o papel sendo exercido ou vice-versa.

4. Que motivos o levaram a se sentir assim?
A pergunta é dissertativa e tem como objetivo entender o(s) motivo(s) da nota aplicada, para posteriormente trabalhar a questão junto aos gestores diretos e ao RH. É importante o colaborador ter informado o nome, pois nesse caso facilitaria a 1:1.

5. Você tem vontade de trocar de setor? Por quê?
A pergunta é dissertativa e tem como objetivo identificar possíveis colaboradores com interesse de troca de área. É comum colaboradores com pontuação "3 – Neutra" terem interesse de troca de área – muitas vezes nesses casos um novo talento pode estar surgindo, e identificar isso nesse momento é trabalhar para evitar *turnover*.

6. Qual sua opinião sobre o *Scrum Master*?

7. Qual sua opinião sobre o *Product Owner*?

As duas questões são focadas e têm como objetivo coletar *feedbacks* sobre o *Scrum Master* e o *Product Owner*. Foi nessa questão que coletamos um *feedback* de extremo valor.

8. O que o faria mais feliz na próxima *Sprint*?
Pergunta dissertativa que tem como objetivo identificar ações que podemos realizar para proporcionar um ambiente de trabalho melhor. Vale lembrar que o ambiente de trabalho não significa apenas um computador potente e uma boa cadeira, ele vai

além disso: está relacionado ao quesito emocional, a um ambiente tolerante a erros, que estimule o aprendizado e não a busca por culpados.

28.3.2. Mensurando os resultados

Para sabermos se estamos indo no caminho certo, precisamos mensurar os resultados das pesquisas.

Após finalizarmos a pesquisa, separamos os colaboradores em grupos com base na métrica utilizada pelo NPS (*Net Promoter Score*), que mensura a lealdade com uma marca.

De acordo com as notas, teremos três grupos:

- ✓ **Promotores = Notas 4 e 5.** Colaboradores que estão satisfeitos ou muito satisfeitos. Entender o que levou esses colaboradores a se sentirem assim é de suma importância, pois são os pontos que a empresa deve replicar. Se os promotores forem apenas um determinado grupo (como desenvolvedores, analistas ou QAs), faz sentido aplicar uma nova pesquisa para entender o que aquele grupo tem em comum e o que o difere dos demais, para ser trabalhado e propagado em outras áreas. Um exemplo pode ser o horário de trabalho mais flexível ou salários mais competitivos com o mercado.
- ✓ **Neutros = Nota 3.** Colaboradores que não se sentem satisfeitos nem insatisfeitos. Estes devem ser trabalhados para ser trazidos para o lado "positivo", ou seja, na próxima pesquisa eles deverão estar satisfeitos. Normalmente é um grupo que ainda não tem uma opinião formada ou que não votou de maneira que reflita realmente o que sente. Pode ser influenciado por ambos os grupos. Uma conversa 1:1 pode revelar alguns pontos.
- ✓ **Detratores = Notas 2 e 1.** Colaboradores que estão insatisfeitos ou muito insatisfeitos. Esses colaboradores devem ser abordados o mais rapidamente possível pela gestão direta e/ou RH, para que possa ser feito um trabalho a fim de entender e reverter a situação. É um grupo com altas chances de desligamento da empresa e de promover uma imagem ruim.

Como dito anteriormente, a métrica é embasada no NPS. Então a conta ficaria assim:

Pontuação = % Promotores – % Detratores

Exemplo: se tivermos 10 respostas e 6 forem entre 4 e 5, 2 colaboradores responderem 3 e 2 colaboradores darem notas 1 e 2, temos 60% de promotores, 20% de neutros e 20% de detratores. O resultado seria 60 – 20 = 40 pontos.

A fórmula deve ser ajustada caso utilize uma escala diferente, como, por exemplo, de 0 a 10. O importante é ter os parâmetros corretos: deve existir o meio da escala como neutro e notas iguais (quantidade) para promotores e detratores. Em uma escala de 0 a 10, o 5 seria o neutro, 0, 1, 2, 3 e 4 seriam detratores e 6, 7, 8, 9 e 10 seriam promotores.

Você deve acompanhar a melhoria a cada mensuração. Por exemplo, realize a métrica a cada *Sprint*.

28.3.3. Conclusão

Cruzar os dados para buscarmos entender a relação entre eles é uma ação que pode trazer mais *insights*. Nesse *case* que está sendo citado, analisamos a porcentagem de entrega da *Sprint* x os pontos obtidos nas perguntas de "Em relação à empresa" e "Em relação ao seu papel no time".

O que concluímos é algo que todos nós conhecemos: pessoas felizes com suas funções e satisfeitas com as empresas produzem resultados melhores.

O impacto gerado de cada *Sprint* onde melhoramos os pontos citados na pesquisa era um aumento na porcentagem de entrega (*throughput*) e na velocidade (*story points*), diretamente ligadas com a ampliação da satisfação das pessoas com a empresa e com o papel delas no time.

As mudanças sempre foram simples e de baixo custo para a empresa. Exemplo:

- ✓ Fornecer acesso à planilha de *roadmap* para um produto, pois isso traria senso de pertencimento.
- ✓ Ter um dia de folga no mês do aniversário para passar com os filhos e a família.
- ✓ Ficar *full home office* ou poder escolher os dias de ir ao escritório.

Pontos simples de ser aprovados e que trouxeram enormes benefícios.

Líder inteligente cuida da sua equipe como um agricultor cuida de suas terras, pois ele sabe que um solo (ambiente de trabalho) ruim que não tem tudo que as plantas (colaboradores) precisam não é capaz de fornecer bons frutos (os resultados).

29. *Case* de profissionais que fizeram a transição de carreira para *Scrum Master*

Flávio Botrel
Leoneide Rodrigues Tonso
Márcia Maximiano da Silva

Neste capítulo você conhecerá a história de seis pessoas que fizeram transição de carreira para *Scrum Master*. Os profissionais retratados são provenientes de áreas distintas, tais como indústria farmacêutica, indústria automobilística, ciências biológicas, qualidade de software, administração de empresas e análise de sistemas.

Esses profissionais foram convidados pelos autores deste capítulo para conversar sobre suas experiências, dores, objetivos e suas jornadas no mercado ágil. Para isso, seria necessário criar um ambiente propício onde todos pudessem se sentir à vontade para que suas narrativas fossem compartilhadas.

Então, com esse intuito de disseminação de conteúdo de forma ampla, foi estipulado que gravações de *podcasts* seriam realizadas com esses especialistas para atingir esse propósito. Após o aceite por parte dos convidados, a estrutura de mídia foi configurada e agendada para dia e horário combinado com eles.

E, assim, as histórias foram relatadas e discutidas, ao vivo, com os participantes: **pessoas que foram prestigiar os eventos, os autores deste capítulo e os convidados que ali se encontravam no momento.**

De forma resumida, a conversa se propôs a:

1. uma breve apresentação dos convidados, falando sobre sua trajetória;
2. comentar sobre suas experiências no mercado de trabalho;
3. indicar qual foi o gatilho que os despertou para fazer a transição de carreira;
4. informar quais foram seus maiores desafios nessa transição;
5. detalhar como aconteceu, de fato, a realização da transição de carreira;
6. elucidar como sucedeu a recolocação profissional na nova carreira;

7. refletir se a experiência profissional anterior tinha valor para esse novo mundo VUCA;
8. esclarecer quais foram os desafios encontrados no dia a dia;
9. explicar para quem está ensaiando fazer a transição ou para quem está vivendo o processo de transição como foi sua trajetória.

A partir dessas questões norteadoras, os convidados foram relatando suas experiências no decorrer de suas transições. Foram momentos leves em que os mediadores (os autores do capítulo) puderam intervir de forma descontraída e provocativa em vários momentos, fazendo com que o bate-papo fluísse de forma a atingir seu objetivo: conhecer o convidado e sua jornada para se tornar *Scrum Master.*

Durante esses diálogos os autores conseguiram extrair alguns dados relevantes que *a posteriori* foram analisados de forma qualitativa e tabulados para um melhor entendimento sobre eles.

Para a questão sobre as principais iniciativas, Figura 30.1, pode-se observar que 100% dos convidados foram enfáticos em afirmar que participar de comunidades ágeis, capacitação de *hard skill* e desenvolvimento de *soft skill* foram movimentos que os levaram a outro nível de conhecimento e de comportamento, indo ao encontro do objetivo de serem *Scrum Masters*.

Metade dos convidados revelou que mudar a mentalidade, ter um mentor e compartilhar conteúdo nas redes sociais foi fundamental para o fortalecimento desse novo profissional que estava nascendo.

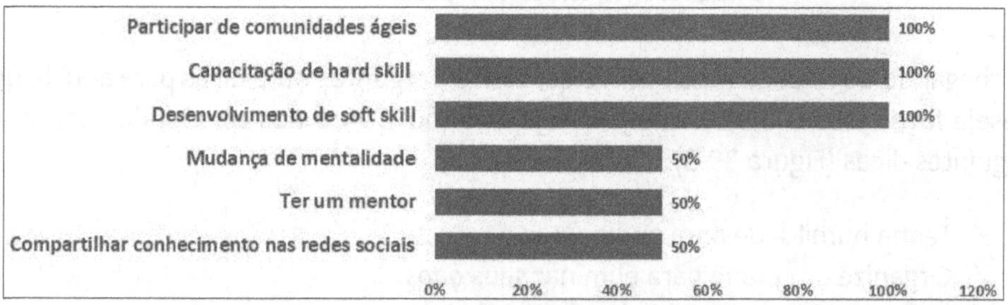

Figura 29.1. Principais iniciativas citadas pelos profissionais na jornada da transição de carreira. Fonte: os autores, com base nos *podcasts* da pesquisa.

Quando provocados para falar dos principais desafios enfrentados, percebem-se diferentes respostas, como pode ser visto na Figura 29.2. Como são profissionais de áreas de distintas, o gerente de projetos, por exemplo, respondeu que o maior desafio foi lidar com a crença de que gerente de projetos não tem a ver com a agilidade (10%) (importante ressaltar que essa afirmativa corrobora a vivência de um dos autores deste capítulo).

Para a profissional de qualidade, foi necessário perder o medo de publicar conteúdo sobre agilidade nas redes sociais, pois a síndrome de impostora fazia com que duvidasse da sua capacidade de produzir conteúdo relevante (10%).

Todos os profissionais apresentaram entre seus principais desafios dialogar com as mudanças que seriam necessárias no comportamento e refletir a nova marca pessoal no currículo e no LinkedIn. No primeiro caso, porque a mudança de comportamento não ocorre de uma hora para outra, é um processo; enquanto o segundo acaba sendo uma consequência do primeiro no sentido de que levar a nova imagem para o currículo acaba sendo mais um gatilho para repensar esse novo profissional.

Já 50% dos convidados disseram que o confronto da teoria (*Scrum Guide*) e a prática (a vida real dentro das empresas) foi o principal desafio. Para 30%, foi recolocar-se no mercado de trabalho, e para 10%, por onde começar depois da demissão.

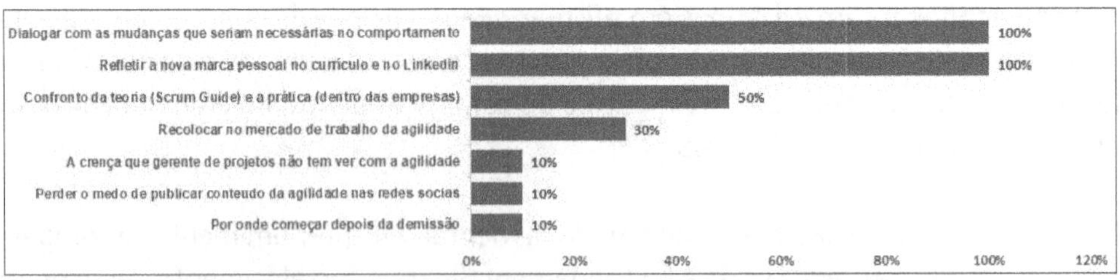

Figura 29.2. Os principais desafios enfrentados para o posicionamento da nova imagem profissional no mercado de trabalho.
Fonte: os autores, com base nos *podcasts* da pesquisa.

Já chegando ao final da nossa conversa, com a pergunta sobre dicas para aquele que deseja fazer essa trilha ou que já esteja fazendo, 100% dos convidados deram as seguintes dicas (Figura 29.3):

- ✓ Tenha humildade para pedir ajuda
- ✓ Organize um plano para eliminar seus *gaps*
- ✓ Faça parte das comunidades de agilidade
- ✓ Encaminhe uma nota no pedido de conexão no LinkedIn (cria empatia)
- ✓ Divida seu conhecimento
- ✓ Converse com quem trabalha com a agilidade
- ✓ Conecte-se com pessoas referência no assunto
- ✓ Certificações são importantes
- ✓ Estude e participe de *workshops* e de *meetups*

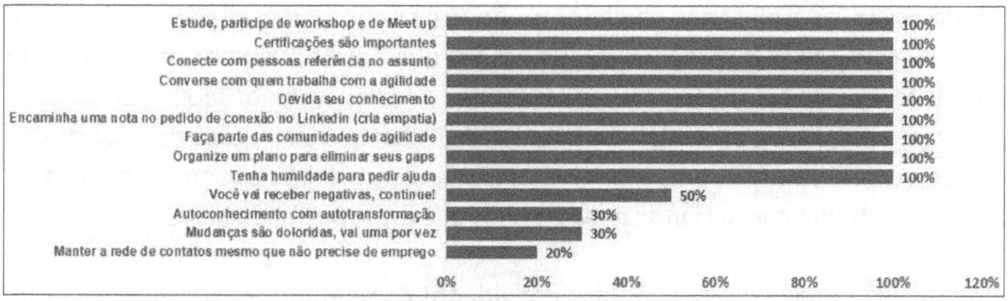

Figura 29.3. Principais dicas.
Fonte: os autores, com base nos *podcasts* da pesquisa.

Importante ressaltar que, conforme o assunto ia evoluindo, todos, sem exceção, transmitiam uma alegria contagiante típica de pessoas que fizeram escolhas profissionais alinhadas com seus propósitos. Foi unânime que a trajetória profissional de cada um foi a ponte para se tornarem *Scrum Master* – em outras palavras, algumas habilidades requeridas no dia a dia para atuar como *Scrum Master* já estavam presentes neles, pois já as usavam nas diversas experiências ao longo das suas trajetórias.

Dentro do contexto de cada uma dessas pessoas, quando nos apresentam as principais iniciativas para avançarem nos seus objetivos, cabe dizer que foram iniciativas disruptivas sim, pois tiveram que inovar. A inovação é uma porta aberta quando se pratica a filosofia ágil.

E, por fim, o que trouxe esses profissionais até aqui, neste capítulo do livro da Jornada Colaborativa? As respostas, apresentadas na Figura 29.4, são unânimes: são colaborativos, têm iniciativas, têm coragem, gostam de ajudar pessoas e acham que a empatia é fundamental.

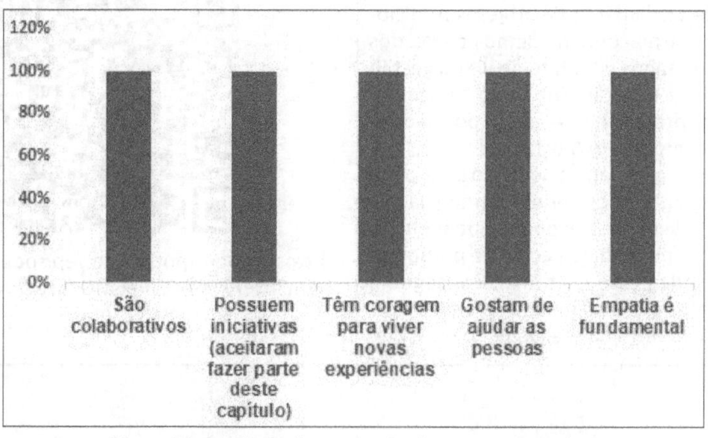

Figura 29.4. Principais competências comuns a todos.
Fonte: os autores, com base nos *podcasts* da pesquisa.

Sendo assim, as trajetórias narradas no *podcast* da Jornada Colaborativa trazem experiências únicas e verdadeiras de pessoas que batalharam por um ideal e um propósito: fazer a transição para *Scrum Master.* Foram revelados momentos e dicas para que você, leitor, entenda como foram as trilhas e construções de cada um. O intuito desses relatos é compartilhar as experiências e dividir os conhecimentos de forma a contribuir com a transição de pessoas que estão passando por esse momento.

Para finalizar, segue um resumo dos convidados comentados neste capítulo e que estão na íntegra no Spotify.

Tabela 29.1. *Podcasts.*
Fonte: os autores.

Participantes da pesquisa	QRCode
Adriana Lourenço Formada em administração com especialização em gerenciamento de projetos, teve um grande marco em sua vida quando iniciou em uma multinacional como estagiária. Iniciando pelo RH, passou por setores onde evoluiu suas habilidades e nos últimos 11anos atuou como coordenadora de projetos. Após 17 anos, sua demissão trouxe uma missão de se recolocar no mercado, porém unindo seu desejo maior de aprimorar os dons de liderança servidora para fazer a diferença no mundo da gestão, o que a levou a um profundo mergulho no universo da agilidade e de conexões com pessoas fantásticas e inspiradoras.	<https://open.spotify.com/episode/0pMAZjuUQMCloV69Pffljj?si=J2tLzzpFQROTpd_vsAnjlw>
Alexandre Henrique Zati Atuava em gerenciamento de projetos tradicionais no setor farmacêutico. Ele nos conta dos desafios enfrentados pelo fato de vir da gestão profissional para a gestão ágil, como, por exemplo, um certo preconceito e, claro, por não ter experiência como *Scrum Master.* A frase que mais apreciamos no nosso bate-papo foi quando agradecemos por ele contar sua história para este livro e assim poder ajudar outras pessoas. Ele respondeu que gosta de propostas como esta, onde pessoas normais conseguem realizar projetos e não só mostrar grandes figuras famosas distantes da realidade do dia a dia.	<https://open.spotify.com/episode/4CaBgbxpU7m2qtPkJlPfYy?si=eEMQ75zdQnWv2RXXpF8s-g&nd=1>

Participantes da pesquisa	QRCode
Greice Mafra Ela é formada em Biologia e atuou profissionalmente neste segmento, tendo também em seu currículo a experiência de professora! Foi um *feedback* dado por um de seus clientes que a fez rever sua carreira. A partir desses acontecimentos, foi estudar gerenciamento de projetos e aos poucos foi enveredando no mundo da agilidade até chegar à profissão atual.	<https://open.spotify.com/episode/1oSbkvUG3wyFzexhxIwABj>
Michel Rosenblat É de São Paulo, capital. Fez a transição de carreira para *Scrum Master* vindo de experiências anteriores em tecnologia da informação, inclusive em gestão de projetos, e quando fazia parte da turma dos 50+.Trilhou um caminho amplo de capacitar-se em gestão, reciclar o conhecimento que tinha em linguagens de programação, participar das comunidades ágeis, ter mentores como suporte e coragem de buscar conhecimento em novas áreas.	<https://open.spotify.com/episode/6Pt6feq6ragZCRdBl93jLp?si=Gzp8qH3BRCW3JIl5jaoy8w>
Sérgio Stern Formado em engenharia mecânica, atuou na indústria automobilística na área de qualidade, tendo interação com o cliente (setor comercial). Depois tornou-se empreendedor de um setor onde teve a oportunidade de lidar com o cliente final. A partir dessa experiência, despertou-se para trabalhar com pessoas.	<https://open.spotify.com/episode/3vJOjM6YW8NJRkGrPFIPhJ?si=Vm9Cn5rFTZS7ih1vMifkxQ>

Participantes da pesquisa	QRCode
Yngrid Vieira Ela é da região nordeste do Brasil. Formada em análise de sistemas, compartilha o que aprendeu começando por cargos menores até chegar aonde está atualmente. O início foi como instrutora de informática e com dedicação foi subindo na carreira, chegando a testes de software. Um dos assuntos explorados por ela foi a decisão de deixar um emprego de carteira assinada para ser estagiária.	<https://open.spotify.com/episode/2XBwM5EFcuycW06SSWTsXZ?si=d5N-BxDMTgGT3Q1jfdECvw&nd=1>

30. *Podcasts*

Podcast	Envolvidos	QR Code
Dicas valiosas sobre agilidade	Convidados: Ana Paula Valencio e Victor Vidal Moderadores: Antonio Muniz, Poliana Peixoto e Ibson Cabral	<https://open.spotify.com/episode/0YEimERp9muJlpysn76coi>
Transição de carreira de Químico para *Scrum Master*	Convidado: André Bracciali Moderadores: Antonio Muniz, Poliana Peixoto e Sergio Stern	<https://open.spotify.com/episode/7H827XL67hYGFX0nlxfQKS>
Dicas para transição para agilidade como GP	Convidados: Alison Laurentino e Mirian Leite Moderadora: Poliana Peixoto	<https://open.spotify.com/episode/7qIi73YKWl5ficwZtRNJUb>
Agilidade na experiência do cliente	Convidados: Amália Oliveira e Jones Ferreira Moderadores: Ana Paula Valencio e Victor Vidal	<https://open.spotify.com/episode/001kYOYibWQ84IUGmynuqG>

Podcast	Envolvidos	QR Code
Super dicas para transição para a carreira de agilidade	Convidada: Annelise Gripp Moderadora: Poliana Peixoto	<https://open.spotify.com/ episode/6tVuoBSSn74XILUeSlr97g>
Encontro ágil – Inclusão na Agilidade	Convidados: Bárbara Cabral e Sabrina Nader Moderadores: Antonio Muniz e Ibson Cabral	<https://open.spotify.com/ episode/3OGvXDQu1e1x1ETD7bpgRC>
Dicas para transição para a carreira de agilidade	Convidados: Carlos Alexandre Jr e Thalita N. Fabro Moderadores: Antonio Muniz e Ibson Cabral	<https://open.spotify.com/ episode/6kAWsx4uwCylgd8gx8lFWt>
Transição de carreira de infraestrutura de TI para Scrum Master	Convidados: Celiane Neves Moderadores: Sergio Stern e Poliana Peixoto	<https://open.spotify.com/ episode/5EW41p8BxCDyrS3vP4GtRS>
Incríveis dicas de *DevOps* e agilidade	Convidada: Clara Castro Moderadores: Antonio Muniz, Ibson Cabral e Poliana Peixoto	<https://open.spotify.com/ episode/3C22TfMkCk2slBmLL7RuMm>

Podcast	**Envolvidos**	**QR Code**
Transição de carreira de gestão comercial para *Agile Master*	Convidada: Dayane Diniz Moderadores: Poliana Peixoto e Sergio Stern	<https://open.spotify.com/episode/7uFNRqxukzB511PZEXhPa1>
Super dicas para transição para a carreira de agilidade	Convidada: Isabela Gayno Moderadora: Poliana Peixoto	<https://open.spotify.com/episode/0yUAZj5C10x95G44Ialu4g>
Case de transição para agilidade de vendedor de picolé para *Agile Coach*	Convidado: Gabriel Vaz Moderador: Sergio Stern	<https://open.spotify.com/episode/00wLxmnFBq0qAmVZUwjWGA>
Transição de carreira de técnica em eletrônica para consultora *business agility*	Convidada: Gisele Ortega Moderadores: Antonio Muniz, Poliana Peixoto e Sergio Stern	<https://open.spotify.com/episode/6E9KoI2RfocZ0yxM4ONuSR>
Head de agilidade com várias dicas de transição	Convidada: Glaucia Reis Moderadora: Poliana Peixoto	<https://open.spotify.com/episode/6wvnMIfcVDBpIBWd8la0HT>

Podcast	Envolvidos	QR Code
Transição de carreira de consultor administrativo para agilista	Convidado: Helton Chagas Moderadora: Poliana Peixoto	<https://open.spotify.com/episode/15WQKbGaJSyKXdPOfCmHnf>
Transição de carreira de gerente de projetos para *Scrum Master*	Convidada: Leoneide Rodrigues Tonso Moderadores: Antonio Muniz, Poliana Peixoto e Sergio Stern	<https://open.spotify.com/episode/1EauAxpuyx8oJeR3Q3wn03>
Transição de carreira de turismo para *Agile Leader*	Convidada: Kharem Mauricio Moderadora:Poliana Peixoto	<https://open.spotify.com/episode/2VdXrn1sutOOh7aVrjYRpR>
Transição de carreira de filósofo para *Scrum Master*	Convidado: Leonardo Cruz Moderadores: Poliana Peixoto e Sergio Stern	<https://open.spotify.com/episode/3hfJ98pd7A5KPSdlMQKDmw>
Grandes dicas de agilidade	Convidado: Luiz Eduardo Labriola Moderadores: Antonio Muniz e Poliana Peixoto	<https://open.spotify.com/episode/4U3doSR6c9vzYb3VzDNy0G>

Podcast	Envolvidos	QR Code
Case de uma doutoura em transformação ágil	Convidada: Nadia Pedrosa Moderadora: Poliana Peixoto	<https://open.spotify.com/episode/3tnElo0re7yTwoXmcaVnOW>
Dicas de agilidade	Convidada: Raiane Mello Moderadores: Antonio Muniz, Ibson Cabral e Poliana Peixoto	<https://open.spotify.com/episode/7FdBXSoE6G4yObQn1KconF>
Transição de carreira de *Dev* para *Agile Coach*	Convidado: Raphael Godoi Moderadores: Poliana Peixoto e Sergio Stern	<https://open.spotify.com/episode/0nXMSusGGSDXjxijYRo2eE>
Transição de carreira de administração para *Business Director*	Convidado: Renato Sozzi Moderadora: Poliana Peixoto	<https://open.spotify.com/episode/6q6ICCvUmsntDnRde1DfwE>
Head de agilidade com várias dicas de transição	Convidado: Ricardo Neves Moderadora: Poliana Peixoto	<https://open.spotify.com/episode/19GU6J4QNbYQAcgXr1Xe5K>

Podcast	Envolvidos	QR Code
Transição de carreira de gerente de projetos para *Scrum Master*	Convidada: Simone Santana Moderadores: Sergio Stern e Poliana Peixoto	<https://open.spotify.com/episode/7sKgsAa2lH6ySpT0ZWG7A2?si=i7XPk9kHSo-76128wVZ_hw>
Transição de carreira de advogada para Scrum Master	Convidada: Sabrina Nader Moderadores: Antonio Muniz, Ibson Cabral e Poliana Peixoto	<https://open.spotify.com/episode/7aAgJHf9WGJTcv7a6g2MSa>
Como acelerar a transição para a agilidade	Convidada: Vanessa Santana Moderadores: Antonio Muniz, Ibson Cabral e Poliana Peixoto	<https://open.spotify.com/episode/4yEMvMhKOECfnGjwkwvmWw>
Case: importância de um COE de agilidade para profissionais em transição de carreira	Convidados: Andréia Felkl e Thiago Ferraz Moderadores: Antonio Muniz e Poliana Peixoto	<https://open.spotify.com/episode/6qGjOzJM4ib0qRPQxCSlYt>
Incríveis dicas sobre transição para agilidade	Convidados: Fernanda Fernandes Matos e Thiago Ferraz Moderadores: Antonio Muniz e Poliana Peixoto	<https://open.spotify.com/episode/7wh1MSx6ojOA9EhFiO7sAG?si=5yZNbkLlTxaF1eMxKk-56Q>

Referências

ADKINS, L. **Treinamento de Equipes Ágeis:** um guia para scrum masters, agile coaches e gerentes de projeto em transição. Rio de Janeiro: Alta Books, 2020. 352p.

ALBINO, R. D. **Métricas Ágeis:** obtenha melhores resultados em sua equipe. São Paulo: Casa do Código, 2017. 280p.

ANDERSON, D. J. **Kanban:** mudança evolucionária de sucesso para seu negócio de tecnologia. Sequim, WA: Blue Hole Press, 2011.

ANDRADE, S. **O poder da simplicidade no mundo ágil.** São Paulo: Gente, 2018. 192p.

ANDRION, R. Pesquisa prevê carência de 408 mil profissionais de TI até 2022. **Canaltech**, 15 jul. 2021. Disponível em: <https://canaltech.com.br/carreira/pesquisa-preve-carencia-de-408-mil-profissionais-de-ti-ate-2022-189998/>. Acesso em: 01 fev. 2023.

ARISTÓTELES. **A Política.** São Paulo: Edipro, 2009.

AUDY, J. **Scrum 360**: um guia completo e prático de agilidade. São Paulo: Casa do Código, 2015.

BARBOSA, A. **O verdadeiro Agile Coach.** [S.l.]: Agile Institute Brazil, 2020.

BARBOSA, C. **A tríade do tempo.** Rio de Janeiro: Sextante, 2012.

BASS, B. M.; AVOLIO, B. J. Transformational leadership and organizational culture. **Public Administration Quarterly**, vol. 17, n. 1, 1993, p. 112-21. Disponível em: <http://www.jstor.org/stable/40862298>. Acesso em: 02 fev. 2023.

BECK, K. *et al.* **Manifesto for Agile Software Development.** 2001. Disponível em: <https://agilemanifesto.org/>. Acesso em: 01 fev. 2023.

BENVENUTTI, M. **Audaz:** as 5 competências para construir carreiras e negócios inabaláveis nos dias de hoje. São Paulo: Gente, 2018. 224p.

BENVENUTTI, M. **Desobedeça:** a sua carreira pede mais. São Paulo: Gente, 2021. 272p.

BROWN, J. 50 Inspirational John C. Maxwell Quotes. **Addicted2Success.com**, Apr. 27, 2014. Disponível em: <https://addicted2success.com/quotes/50-inspirational-john-maxwell-quotes/>. Acesso em: 01 fev. 2023.

CANDIDO, R. *et al.* **Gerenciamento de Projetos.** (série UTFinova) Curitiba: Aymará, 2012. Disponível em: <https://repositorio.utfpr.edu.br/jspui/bitstream/1/2061/1/gerenciamentoprojetos.pdf>. Acesso em: 01 fev. 2023.

CARROLL, L. **Alice no País das Maravilhas (Classic Edition).** Itapevi: Darkside, 2019. 224p.

CASHMAN, K. **Liderança autêntica:** de dentro de si para fora. São Paulo: MBooks, 2011.

CHIAVENATO, I. **Construção de Talentos**. Rio de Janeiro: Campus, 2002. 188p.

COIMBRA, T.; CAROLI, P. **Fun Retrospectives:** atividades e ideias para tornar suas retrospectivas ágeis mais envolventes. São Paulo: Caroli, 2021.

COSTA, A. *et al.* **O que nenhum Scrum Master te contou:** os verdadeiros desafios do Scrum Master. [S.l.]: Clube de Autores, 2021.

DAVID, S. **Agilidade Emocional:** abra sua mente, aceite as mudanças e prospere no trabalho e na vida. São Paulo: Cultrix, 2018. 296p.

DAVID, S.; CONGLETON, C. Emotional Agility. **Harvard Business Review**, Nov. 2013. Disponível em: <https://hbr.org/2013/11/emotional-agility>. Acesso em: 01 fev. 2023.

DICSON, T. Agile Scrum is not a methodoloy, but a framework. **Magora**, June 20, 2019. Disponível em: <https://magora-systems.com/agile-scrum-framework/>. Acesso em: 01 fev. 2023.

DUTRA, A.; MARRA, D.; RATTON, P. Roda Ágil: como foi a experiência de Take Blip com a aplicação? **Take Blip Blog**, 26 mar. 2021. Disponível em: <https://www.take.net/blog/empresarial/roda-agil>. Acesso em: 02 fev. 2023.

DWECK, C. S. **Mindset:** a nova psicologia do sucesso. Rio de Janeiro: Objetiva, 2017. 312p.

EDMONDSON, A. C. **A organização sem medo**: criando segurança psicológica no local de trabalho para aprendizado, novação e crescimento. Rio de Janeiro: Alta Books, 2020. 256p.

EQUIPE RHPORTAL. Transição de Carreira: pesquisa revela quais as formações de profissionais que hoje atuam no mercado digital. **RH portal**, 02 fev. 2022. Disponível em: <https://www.rhportal.com.br/artigos-rh/transicao-de-carreira-2/>. Acesso em: 01 fev. 2023.

FUNDAÇÃO VANZOLINI. **O que é um Scrum Master e as seis principais habilidades necessárias.** 29 jun. 2021. Disponível em: <https://vanzolini.org.br/blog/educacao/o-que-e-um-scrum-master-e-as-seis-principais-habilidades-necessarias/>. Acesso em: 24 fev. 2023.

FURTADO, C. **Feliciência:** felicidade e trabalho na era da complexidade. São Paulo: Actual, 2022. 120p.

GUIMARÃES, R. Diversidade e Inclusão: por que sua empresa deveria se preocupar. **Glassdoor**, 30 ago. 2019. Disponível em: <https://www.glassdoor.com.br/empresas/blog/diversidade-e-inclusao/>. Acesso em: 01 fev. 2023.

HOFSTEDE, G. **Cultures and organizations**: software of the mind. New York: McGraw-Hill, 1991.

HOUSE, R. *et al.* Understanding cultures and implicit leadership theories across the globe: an introduction to project GLOBE. **Journal of world business**, vol. 37, n. 1, 2002, p. 3-10.

HUNT, V. *et al.* A diversidade como alavanca de performance. **McKinsey & Company**, 18 jan. 2018. Disponível em: <https://www.mckinsey.com/business-functions/people-and-organizational-performance/our-insights/delivering-through-diversity/pt-BR>. Acesso em: 01 fev. 2023.

IBC. **Sincericídio ⍰ o que é e como evitá-lo?** Disponível em: <https://www.ibccoaching.com.br/portal/comportamento/sincericidio-o-que-e-e-como-evita-lo/>. Acesso em: 02 fev. 2023.

INSTITUTO DAUDT. **O que é PNL? E como ela funciona?** Disponível em: <https://institutodaudt.com.br/2019/03/20/o-que-e-a-pnl/>. Acesso em: 02 fev. 2023.

KNAPP, J.; ZERATSKY, J.; KOWITZ, B. **Sprint:** o método usado no Google para testar e aplicar novas ideias em apenas cinco dias. Rio de Janeiro: Intrínseca, 2016.

KPMG. **CEO Outlook Brasil 2020:** edição especial COVID-19. 2020. Disponível em: <https://assets.kpmg.com/content/dam/kpmg/br/pdf/2020/09/ceo-outlook-brasil-2020.pdf>. Acesso em: 24 fev. 2023.

KUMAR, V. *et al.* The New York Times Paywall. **Harvard Business School Case** 512-077, Feb. 2012 (Revised Jan. 2013).

LI, C. **Mindset da disrupção:** por que algumas organizações se transformam e outras falham. Rio de Janeiro: Alta Books, 2019. 240p.

MATTOS, B. Como criar um ambiente de segurança psicológica no trabalho. **Forbes**, 16 dez. 2021. Disponível em: <https://forbes.com.br/carreira/2021/12/seguranca-psicologica-o-segredo-das-equipes-inovadoras/>. Acesso em: 02 fev. 2023.

MCKEOWN, G. **Essencialismo**. Rio de Janeiro: Sextante, 2015.

MICHAELIS. Dicionário. Disponível em: <https://michaelis.uol.com.br/>. Acesso em: 02 fev. 2023.

MORGAN, G. **Imagens da Organização.** São Paulo: Atlas, 1996.

MOURA, M. S. de. **Empreendedor Rumo ao Topo**: a trilha para alcançar agilidade, inovação e crescimento exponencial. São Paulo: iPressnet, 2021b.

MOURA, M. S. de. **Scrum sem medo:** como entender e implementar o Scrum utilizando o próprio framework Scrum. São Paulo: iPressnet, 2021a. 167p.

MUNIZ, A. *et al.* **Jornada Ágil de Liderança:** entenda como desenvolver times protagonistas para resultados inovadores e sustentáveis no mundo digital. Rio de Janeiro: Brasport, 2020a.

MUNIZ, A. *et al.* **Jornada Business Agility:** entenda como a agilidade nos negócios colabora para adaptabilidade contínua e resultados de valor aos clientes. Rio de Janeiro: Brasport, 2021c.

MUNIZ, A. *et al.* **Jornada da Facilitação:** um guia prático para agilistas, gestores e educadores para promover o engajamento e a colaboração de pessoas e criar resultados extraordinários. Rio de Janeiro: Brasport, 2022.

MUNIZ, A. *et al.* **Jornada do Ágil Escalado:** entenda como a agilidade em escala com foco nas pessoas potencializa resultados de valor aos clientes. Rio de Janeiro: Brasport, 2020b.

MUNIZ, A. *et al.* **Jornada Kanban na prática:** unindo teoria e prática para acelerar o aprendizado para quem está iniciando. Rio de Janeiro: Brasport, 2021a.

MUNIZ, A. *et al.* **Jornada OKR na prática:** unindo práticas e experiências que potencializam resultados. Rio de Janeiro: Brasport, 2021b.

NORTE, D. B. Profissionais que atuam com metodologia ágil ganham destaque nas empresas. **Você S/A**, 13 jul. 2020. Atualizado em 18 mar. 2021. Disponível em: <https://vocesa.abril.com.br/carreira/profissionais-que-atuam-com-metodologia-agil-ganham-destaque-nas-empresas/>. Acesso em: 01 fev. 2023.

OGBONNA, E.; HARRIS, L. C. Leadership style, organizational culture and performance: empirical evidence from UK companies. **International Journal of Human Resource Management**, vol. 11, n. 4, 2000, p. 766-788.

OVEREEM, B. As 8 instâncias de um Scrum Master. **Scrum.org Whitepapers**, fev. 2020. Disponível em: <https://scrumorg-website-prod.s3.amazonaws.com/drupal/2020-02/As%208%20Insta%CC%82ncias%20de%20um%20Scrum%20Master.pdf>. Acesso em: 01 fev. 2023.

PERSONA, M. **Marketing pessoal**: Entrevista Mundo do Marketing. Disponível em: <https://www.mariopersona.com.br/entrevista_mundo_marketing.html>. Acesso em: 02 fev. 2023.

PIMENTA, M. **Mundo BANI**. 08 jun. 2021. Disponível em: <https://marcelo.pimenta.com.br/dicionario-descomplicado-mundo-bani/>. Acesso em: 01 fev. 2023.

PRIKLADNICKI, R.; WILLI, R.; MILANI, F. **Métodos Ágeis para Desenvolvimento de Software.** Porto Alegre: Bookman, 2014.

PROVINCIATTO, M.; CAROLI, P. **Sprint a Sprint:** erros e acertos na transformação cultural de um time ágil. São Paulo: Caroli, 2020. 200p.

REDAÇÃO. 6 soft skills essenciais para o seu currículo, segundo especialistas. **Pequenas Empresas, Grandes Negócios**, 06 de mar. 2022. Disponível em: <https://revistapegn.globo.com/Emprego/noticia/2022/03/6-soft-skills-essenciais-para-o-seu-curriculo-segundo-especialistas.html>. Acesso em: 01 fev. 2023.

REDAÇÃO. Como ser ágil aplicando Shu Ha Ri no dia a dia profissional. **ITforum**, 27 out. 2019. Disponível em: <https://itforum.com.br/noticias/como-ser-agil-aplicando-shu-ha-ri-no-dia-a-dia-profissional/>. Acesso em: 20 mai. 2022.

REDAÇÃO. Estudo revela que 90% dos departamentos de TI incorporaram agilidade. **Portal ERP**, 24 nov. 2021. Disponível em: <https://portalerp.com/estudo-revela-que-90-dos-departamento-de-ti-incorporaram-agilidade>. Acesso em: 01 fev. 2023.

REPUTATION INSTITUTE. **Global RepTrak 100 most reputable companies.** 2022.

RIES, E. **A Startup Enxuta.** São Paulo: LeYa, 2012.

ROBBINS, S. P.; JUDGE, T. A. SOBRAL, F. **Comportamento organizacional.** São Paulo: Pearson Prentice-Halll, 2012.

RONSONI, M. A segurança psicológica nas empresas. **SBDC**, 13 out. 2021. Disponível em: <https://sbdc.com.br/outros/seguranca-psicologica-nas-empresas>. Acesso em: 02 fev. 2023.

ROSENBERG, M. **Comunicação não-violenta:** técnicas para aprimorar relacionamentos pessoais e profissionais. São Paulo: Ágora, 2006. 288p.

ROSS, D. **Não leia este livro:** gestão do tempo para pessoas criativas. Caxias do Sul: Belas Letras, 2019.

RUBIN, K. S. **Scrum Essencial:** um guia prático para o mais popular processo ágil. Rio de Janeiro: Alta Books, 2017.

RYDER, L. Como aumentar a produtividade do seu time em 4 passos usando o Modelo de Tuckman. **Trello**, 15 jun. 2017. Disponível em: <https://blog.trello.com/br/modelo-de-tuckman>. Acesso em: 02 fev. 2023.

SCHEIN, E. H. **Cultura Organizacional e Liderança.** São Paulo: Atlas, 2009. 424p.

SCHWABER, K; SUTHERLAND, J. **The Scrum Guide.** 2020. Disponível em: <https://www.scrum.org/resources/scrum-guide>. Acesso em: 01 fev. 2023.

SINEK, S. **Comece pelo porquê:** como grandes líderes inspiram pessoas e equipes a agir. Rio de Janeiro: Sextante, 2018. 256p.

SMHARTER. **Scrum master self-assessment kit v3.2b.** Disponível em: <https://www.smharter.com/blog/scrum-master-skills-self-assessment-radar/>. Acesso em: 02 fev. 2023.

SUTHERLAND, J. J. **Scrum:** guia prático: maior produtividade. Melhores resultados. Aplicação imediata. Rio de Janeiro: Sextante, 2020. 240p.

SUTHERLAND, J. **Scrum:** a arte de fazer o dobro do trabalho na metade do tempo. Rio de Janeiro: Sextante, 2019. 256p.

TERA. Trabalho remoto, transição digital e fluidez nas empresas – Pesquisa Re:Trabalho 2020. **Medium**, 20 fev. 2020. Disponível em: <https://medium.com/somos-tera/pesquisa-retrabalho-2020-4e792ec20447>. Acesso em: 01 fev. 2023.

THE SCHOOL OF LIFE; ROBERT HALF TALENT SOLUTIONS. **Pesquisa Inteligência Emocional e Saúde Mental no Ambiente de Trabalho.** 2021.

VAGAS. **Saiba como usar a técnica STAR na entrevista de emprego.** Disponível em: <https://www.vagas.com.br/profissoes/saiba-como-usar-tecnica-star-na-entrevista-de-emprego/>. Acesso em: 02 fev. 2023.

WORLD ECONOMIC FORUM. **Jobs of Tomorrow:** Mapping Opportunity in the New Economy. Jan. 22, 2020. Disponível em: <https://www.weforum.org/reports/jobs-of-tomorrow-mapping-opportunity-in-the-new-economy>. Acesso em: 02 fev. 2023.

Agradecimentos e dedicatória

Dedico mais um livro aos amores da minha vida: meus filhos Lucas e Luisa, minha esposa Keila, meus pais Iracema e José Prado e meus irmãos Simone, Paulo e Sandra. Agradeço a Deus essa nova conquista e agradeço ao time organizador pelo comprometimento na curadoria e aos coautores pela dedicação e excelência que resultou em mais uma obra incrível para nossa série da Jornada Colaborativa. Parabenizo o time organizador pela revisão técnica e em especial a Poliana Peixoto pela maestria na liderança do time. Agradeço a meus familiares e amigos da Advisor10X, Jornada Colaborativa e ADAXL pelas oportunidades de aprendizado e aos milhares de alunos, leitores e participantes das minhas palestras pela grande receptividade e troca de experiências que me tornam uma pessoa melhor a cada dia.
Antonio Muniz

Este projeto é o resultado de muitas desventuras. Agradeço a meus pais e minha irmã por sempre me apoiarem e incentivarem. Aos amigos que não nomearei para não cometer a injustiça do esquecimento de algum, mas cada um sabe de sua importância na minha vida. Agradeço à Mobile2you e ao Grupo GFT pela grande oportunidade que me foi dada. Minha gratidão à Poliana, amiga e parceira de jornada, sem a qual não seria possível chegarmos na publicação desta obra. Ao Muniz, minha eterna gratidão por aquela conversa que mudou minha vida e resultou neste livro. Agradeço e dedico esta obra aos homens de desejo, cegos ou lúcidos, todos.
André Bracciali

Agradeço à minha família pela paciência para poder conciliar minha já sobrecarregada rotina com essa pequena contribuição na criação deste trabalho incrível desenvolvido junto com a Jornada Colaborativa. Também gostaria de agradecer a toda a equipe da curadoria e aos coautores. Muito orgulho de fazer parte disso e publicar um material que certamente ajudará muitas pessoas.
Cyntia Morais

A união do conhecimento de muitas pessoas colaborou para dar vida a estas folhas. Gostaria de agradecer a todos os autores e curadores que contribuíram com muito empenho e entusiasmo para revisar e corrigir textos, e nos ajudaram a pensar em como conectar todos os temas de maneira útil para as pessoas que desejam fazer uma transição de carreira para agilidade. E um agradecimento especial ao Muniz, por tudo que aprendemos com a Jornada Colaborativa e o impacto desse movimento em nossas vidas.
Isabela Gayno

Dedico este livro ao meu marido Paulo Laymen e ao meu filho David Mauricio, que são meu esteio e minhas fontes de inspiração constantes. Agradeço profundamente à minha mãe Vilda Mauricio, que me deu as bases para que eu buscasse forças para sempre superar as dificuldades e lutar pelas minhas conquistas. À Fernanda Tavares e Stefane Melo, duas grandes líderes que me mostraram o caminho da agilidade e me ensinaram sobre mentalidade ágil e os primeiros conceitos desse universo com paciência, brilho no olho e muita humanidade. Agradeço também a todos os amigos agilistas que trocaram ou ainda trocam conhecimentos, sugestões, ideias, perguntas e dificuldades comigo, apoiando minha transição para a agilidade e estimulando meu crescimento contínuo. Em especial, agradeço também ao Antonio Muniz, à Poliana Peixoto e a todos os curadores e coautores deste livro, que dedicaram muitas horas de escrita e reuniões para elaborar um livro que realmente pudesse ajudar você, caro leitor, a fazer uma transição para a agilidade de forma consciente, agregando valor para sua carreira.
Kharem Mauricio

A arte de escrever é uma inspiração divina; poder compartilhar o que se escreve é uma experiência maravilhosa. Por isso, agradeço a Deus imensamente por ter me dado oportunidade de fazer parte desta obra que ajudará pessoas a desempenharem seu trabalho com mais segurança por intermédio de uma literatura de qualidade. Foram momentos incríveis ao lado de amigos coautores voluntários que, assim como eu, doaram seu tempo e conhecimento em prol de um benefício muito grandioso. Sou grata ao Antonio Muniz por acreditar no potencial e na capacidade das pessoas a ponto de dividir seu sonho com vários colegas. Por causa dele, hoje escrever um livro que tenha conteúdo agregador se tornou uma realidade – se não fosse esse movimento seria tão somente mais um sonho. Portanto, dedico essa realidade pronta a todas as pessoas que querem aprendizagem de qualidade feita com tanto carinho e apreço.
Márcia Maximiano da Silva

Agradeço primeiramente ao Muniz, pela confiança e pela competência em montar esse timaço da curadoria. E agradeço a esse timaço da curadoria – principalmente com a organização e o ritmo da Poliana – que conseguiu trabalhar completamente no clima colaborativo, agregando os conhecimentos de cada um em prol da realização e concretização deste livro. Em toda a construção do livro, as divergências foram resolvidas tranquilamente em nossas reuniões, e cada momento em que qualquer integrante não pôde contribuir, pelas mais diversas razões, houve rapidamente o apoio de outro curador, mantendo o ritmo e a qualidade do trabalho. Um exemplo prático de todo o conhecimento de agilidade exposto neste trabalho final.
Márcio Silva de Moura

O que o cacto representa? A palma alimenta animais e famílias. Chuva no sertão certamente traz a esperança que rega a terra e faz brotar o verde. A natureza ensina sobre resistência em meio às adversidades. Nunca me conectei tanto com meu ser nordestino como com esse grande projeto. A adversidade de nunca ter participado de algo tão grande e diferenciado e que me ajudou a alcançar um grande objetivo: brotar o verde do conhecimento para diversas pessoas. Sempre tive o propósito de ajudar o próximo, e estar neste livro me ajudou a realizar esse sonho. Agradeço imensamente a meu grande Deus, a todos da minha família, em especial minha mãe Graça, meu pai Alonco, meu irmão Alan e sua esposa Eliana e meu grande amor – Davi, meu sobrinho. A minha família e meus amigos: meus alicerces, sem eles nada seria possível. Não posso deixar de agradecer ao meu esposo Roberto Carlos, que compreendeu e me ajudou nesse grande desafio, à minha tia Marlene por todo o exemplo de vida e por minha avó Julia, que sei que, onde estiver, está cuidando de mim e certamente celebrando. Muito grata também ao time deste livro, curadores especiais demais e coautores que se dedicaram imensamente. "Devemos ser gratos a todos aqueles que nos fazem felizes; eles são os jardineiros responsáveis por fazerem a nossa alma florescer" – Marcel Proust. Muniz, minha alma floresce com sua presença. Gratidão sempre.
Poliana Peixoto

Sobre os autores e curadores

Adriana Lourenço. Atua com gerenciamento de projetos há mais de 20 anos (PMP, PSM1) com agilidade sempre presente, pois permite ir além e pensar fora da caixa. <https://www.linkedin.com/in/adrianalourencopereira369/>

Alexandre Henrique Zati. Profissional certificado PMP e com experiência em gestão de projetos ágeis e tradicionais. Liderança de equipes multidisciplinares em projetos de desenvolvimento de software, aprimoramento e manutenção de *frameworks* de agilidade. <https://www.linkedin.com/in/alexandrezati/>

Aline Albuquerque Fonseca. Agilista, pós-graduada em gestão de projetos, graduada em sistemas para internet, cofundadora do MaisMulheresnaTI. Apaixonada por ensinar e desenvolver pessoas. <https://www.linkedin.com/in/aline-albuquerque-fonseca/>

Aline Oliveira de Pianti. Administradora, com MBA em Gestão Integrada em Qualidade e Certificações. Apaixonada por *business intelligence*, gestão ágil de projetos, mapeamento e melhorias de processos. <https://www.linkedin.com/in/alineopianti/>

Alison Laurentino. Apaixonado pela cultura *agile* na entrega de resultados, com 14 anos na TIC. Experiência com projetos de saúde, indústria, bancos, varejo e farmácias. MBA em Gerência de Projetos e Bacharel em Sistemas de Informação. <https://www.linkedin.com/in/alisonlaurentino/>

Ana Paula Valencio. Mais de 14 anos de experiência em gestão de projetos de TI no mercado financeiro, com conhecimentos da metodologia ágil, participando de uma transformação digital, promovendo e gerando a mentalidade ágil, ajudando na compreensão dos valores, princípios e práticas do processo e sua contribuição para o *delivery*. <https://www.linkedin.com/in/ana-paula-valencio-dos-santos/>

Amália Oliveira. Apaixonada por desenvolver pessoas e times, já atuou na aplicação de treinamentos e liderança de equipes. Através do pensamento *Lean* e metodologias como *Scrum*, SAFe®, *Kanban*, OKR e *Design Thinking*, tem o objetivo de ajudar pessoas e organizações a alcançar suas metas. <https://www.linkedin.com/in/amalia-oliveira/>

André Bracciali. Com mais de dez anos em gestão de projetos, já atuou na área ambiental, de impacto social e na TI. Acredita que cada projeto tem um propósito maior. <https://www.linkedin.com/in/andrebracciali/>

Andréia Felkl. Casada, tem uma gatinha chamada Mima e seis afilhados muito amados. Analista de Sistemas pela PUCRS (2007), pós-graduada em Gestão de Projetos PMI (2009), CSPO (2019) e certificação Metodologia Ágil (2019). Cursando MBA em Tecnologia para Negócios: AI, *data science* e *big data* PUCRS (2022) e MBA em *e-commerce* e negócios digitais (2023). <https://www.linkedin.com/in/andreia-ferreira-6a978254/>

Annelise Gripp. Há 28 anos trabalha com Engenharia de Desenvolvimento de Software. Nos últimos 15 anos, dedicou-se à agilidade, onde pessoas desenvolvem um trabalho juntos, com foco na qualidade da entrega. <https://www.linkedin.com/in/annelisegripp/>

Antonio Muniz. Apaixonado pela liderança colaborativa que une pessoas, agilidade e tecnologia para entrega de resultados inovadores. CEO da Advisor 10X, idealizador da Jornada Colaborativa e JornadaCast. Curador, palestrante, professor de MBA, *workshops* e videoaulas. <https://www.linkedin.com/in/muniz-antonio1/>

Arcílio Damiati. Profissional com mais de dez anos na área de TI, passando por diversos setores e segmentos. Atualmente no setor de ERP voltado ao agronegócio. Grande experiência com o ágil e transformação digital e otimização de processos. <https://www.linkedin.com/in/arciliodamiati/>

Bárbara Cabral. Consultora em Qualidade Ágil e Testes de Software com mais de 15 anos de experiência em TI. Entusiasta da cultura ágil, *DevOps* e automação de testes. Colaborou na escrita dos livros "Jornada DevOps", "Jornada Ágil e Digital" e outros. Organizadora do livro "Jornada Ágil de Qualidade". *Agile Testing Fellow Certified Trainer Provider.* <https://www.linkedin.com/in/barbaracabral/>

Bento Francisco dos Santos Júnior. Físico de formação, professor há mais de 20 anos e empresário desde 2008. Também é vice-presidente do instituto de pesquisa INTBIO e possui as certificações PSM 1, ISO/IEC 17025:2017 e *Yellow Belt*. Além disso, atua como PO/SM em um projeto voluntário e atuou como gestor de uma faculdade particular por sete anos. <https://www.linkedin.com/in/bentofranciscodossantosjunior/>

Bruno Leonardo Rosa. Mestre com formação em instituições como MIT, Universidade de Chicago e Universidade da Pensilvânia, possui 15 anos de experiência nos setores de energia e *offshore*. <https://www.linkedin.com/in/brunoleonardorosa/>

Caio Lourenço. Profissional com 10 anos de carreira no setor de tecnologia, graduado em Análise e Desenvolvimento de Sistemas pela Fatec Carapicuíba e Gestão Pública pela Univesp, com especialização em Ciência de Dados pelo Mackenzie e com um MBA em Liderança. <https://www.linkedin.com/in/caio-lourenco/>

Camila Alves de Carvalho. Agilista experiente, apaixonada por ajudar equipes a atingir seu máximo potencial por meio de metodologias ágeis. Com vasta experiência como *Scrum Master*, sua carreira mudou para a liderança ágil em geral, auxiliando as organizações na promoção da cultura ágil e na melhoria das práticas de desenvolvimento de software. <https://www.linkedin.com/in/camilaalvescp/>

Carina Garbin Baticini. Coordenadora *Tech* com alma de agilista, buscando prover uma liderança humanizada. @agilsemtabu. <https://www.linkedin.com/in/carina-garbin-baticini/>

Carlos Alexandre Jr. Casado desde 2010, pai de duas meninas. Profissional com 22 anos de experiência no mercado de tecnologia da informação com forte atuação como agilista em transformação de negócio, gestão de produtos e gerenciamento de projetos de sistemas, com forte atuação em gestão e negociação de conflitos em projetos ágeis e *waterfall*. <https://www.linkedin.com/in/carlos-alexandre-marques-junior/>

Carolini Quintas. Agilista com experiência de mais de três anos, conhecimento abrangente no *agile*. Tem sempre em mente que não existem problemas no mundo sem solução, só precisamos olhar de uma perspectiva diferente. <https://www.linkedin.com/in/carolini-quintas-13239619b/>

Celiane Neves. Coordenadora de agilidade, curadora e escritora de livros da Jornada Colaborativa. Tem a colaboração como estilo de vida e ama ajudar no desempenho das pessoas. <https://www.linkedin.com/in/celineves/>

Clara Castro. *Head* de *DevOps* e *ServiceNow*, Bacharel em Ciência da Computação e Matemática, Pós em Internet, trabalha com TI há 25 anos. É professora, palestrante, voluntária em eventos de TI e vencedora do prêmio DASA *DevOps Community Member Award* 2022. <https://www.linkedin.com/in/clara-erica-castro/>

Claudia Regina da Silva Rocha. Pós-graduada em Sistemas de Informação, Gestão Empresarial e Melhoria do Processo de Software. Atua na área de TI desde 1991 contribuindo com transformações organizacionais. Atualmente é *Lean-Agile Coach* e *Kanban Coach*. <https://www.linkedin.com/in/claudiarsrocha/>

Cyntia Morais. Graduada em tecnologia pela UERJ e com *master* de gestão de projetos pela FGV. Experiência de mais de 15 anos trabalhando com tecnologia, e nos últimos dez anos com foco em projetos e liderança de pessoas. <https://www.linkedin.com/in/cyntia-morais/>

Daniélle Pombal. Apaixonada por pessoas e processos. Mentora de transição de carreira, agilidade e gerenciamento de projetos. *Agile Coach* no MPRJ, com foco na utilização do *Kanban* e mudança de cultura, com 17 anos de carreira em TI e experiência como desenvolvedora, PMO, gerente de projetos, gerente de operações e *Agile Coach*. <https://www.linkedin.com/in/daniellepombal/>

Dayane Diniz. Pós-graduada em gestão de TI com mais de dez anos de experiência em gestão de pessoas. Casada com o Anderson e mãe de Valentina, Jorge e Lorenzo. <https://www.linkedin.com/in/dayanedniz/>

Fabiana Leite. *Agile Coach* com mais de nove anos de experiência em mudanças em organizações no contexto da agilidade em diferentes segmentos: automotiva, cosmética, telecomunicações e serviços digitais. Atuante em transformações em prol de melhores resultados de valor para o negócio. <https://www.linkedin.com/in/fabiana-leite/>

Fernanda Fernandes Matos. Mestre em Gestão e Organização do Conhecimento, especialista em Análise de Sistemas, especialista em Informática em Saúde, Pós em Gestão de Projetos e Bacharel em Ciência da Computação. Seu foco é a agilidade nos negócios. Atua na transformação ágil e em gestão de produtos. <https://www.linkedin.com/in/soufernandamatos/>

Flávio Botrel. Fascinado por tecnologia, projetos e produtos, é formado em Computação e Projetos e Produtos Digitais. Mais de 17 anos de experiência em gestão de projetos com atuação em bancos focado no cliente e nos objetivos estratégicos. <https://www.linkedin.com/in/flaviobcastro/>

Gabriel Vaz. Casado desde 2006, tem seis filhos. Treinador em ágil desde 2014 e cofundador do Carreiras.Club, onde ajuda pessoas comuns elevarem seus salários através de transições de carreira estratégicas. Foi vendedor de picolé, caixa, militar, programador, gerente de projetos, *Scrum Master* e *Agile Coach*. <https://www.linkedin.com/in/g-vaz/>

Gisele Ortega. *Agile Coach* apaixonada pela agilidade, incentivadora de troca de conhecimento, conteúdo ágil e com foco em pessoas através do *Management* 3.0. <https://www.linkedin.com/in/gisele-ortega/>

Glaucia Reis. Agilista por paixão há mais de 12 anos e há mais de 22 em *tech*. Como *Head* de Agilidade, direcionou capítulo que impulsionou a transformação organizacional em larga escala na Via. Especialista em *business agility*, estratégia, indicadores e desenvolvimento de times de alta performance. <https://www.linkedin.com/in/glauciareis/>

Greice Mafra. É agilista. Encontrou na agilidade uma nova jornada, potencializando entregas e encantando pessoas. Atuação na área de tecnologia, apoiando a gestão de produtos e a entrega de valor. Procura multiplicar conhecimento na comunidade Agilezando de forma voluntária, desde sua criação. <https://www.linkedin.com/in/greicemafra/>

Helton Chagas. Bacharel em Administração de Empresas, especialista em gerenciamento de projetos, administração de negócios e KCP *Kanban*. Atualmente na MJV alocado na Bradesco Seguros em dois projetos, dois programas e seis aplicativos *mobile*. Aplica treinamento em agilidade e *Kanban* na MJV. <https://www.linkedin.com/in/helton-chagas/>

Hilo Costa. Dois anos como desenvolvedor de software, com experiência no mercado como *Scrum Master*/agilista há mais de três anos. <https://www.linkedin.com/in/hilo-costa/>

Ibson Cabral. Facilitador e entusiasta da transformação ágil e digital. Produtor do *podcast* JornadaCast. Coautor do livro "Jornada Colaborativa". Diretor de Comunicação e Marketing da IIBA Brasil e produtor do *podcast* do IIBA Brasil. <https://www.linkedin.com/in/ibson-cabral/>

Isabela Gayno. Com *case* na *Scaled Agile*, 19 anos de experiência em gestão de produtos e transformação digital nos segmentos *banking*, *retail* e mídia. Fundadora do Mais-MulheresnaTI. Mãe de quatro filhos. <https://www.linkedin.com/in/isabelagayno/>

Jones Ferreira. Apaixonado por multiplicar conhecimento. Consultor em melhoria de processos de negócio em diversos clientes na rede pública e privada. Mestre em Engenharia de Sistemas e Produtos. Coautor dos livros "Jornada da Experiência do Cliente", "Jornada da Transformação Digital no Brasil" e "Processos Ágeis". <https://www.linkedin.com/in/jones-ferreira-bpm-cbpp-itil/>

Juan Souza de Castro. Possui sólida experiência em gestão de projetos, atuando no setor de seguros. Formado em Matemática e Gestão Empresarial, com MBA em Gestão Estratégica de Negócios e Gestão de Projetos. <https://br.linkedin.com/in/juanscastro/>

Juliana Bóz Gazzi. Apaixonada por pessoas, agilidade, tecnologia e inovação. Engenheira química de formação e agilista de coração. Produtora de conteúdo no @agilsemtabu. <https://www.linkedin.com/in/juliana-boz/>

Kharem Mauricio. Agilista, Turismóloga (UFOP), Mestre em Gestão de Negócios (Comillas – Espanha) e especialista em *Agile Coach* (PUC Minas). <https://www.linkedin.com/in/kharem-mauricio/>

Leonardo Cruz. Farmacêutico e agilista, trabalha com a agilidade há cinco anos. É apaixonado por pessoas, projetos e produtos. YouTuber no canal Pensando Agilidade e coautor na Jornada Colaborativa. Casado com a Carol, nerd, amante de viagens e músico. <https://www.linkedin.com/in/leonardomcruz/>

Leoneide Rodrigues Tonso. Especialista em Gestão de Projetos de Tecnologia com grande experiência nas práticas do PMI, CMMI, métodos ágeis (*Scrum* e *Kanban*) e *waterfall*. <https://www.linkedin.com/in/leotonso/>

Luciano Pinna. Apaixonado por tecnologia, graduado em Sistemas de Informação com MBA em Gerenciamento de Projetos, é instrutor interno do estado da Bahia e tutor virtual das disciplinas de tecnologia nas universidades UNIJORGE (BA) e UVA (RJ). Atua como PO e é um entusiasta de metodologias ágeis e transformação digital. <www.linkedin.com/in/lucianodepinna/>

Luiz Eduardo Labriola. Apaixonado por pessoas e por fazer com que elas reflitam e entreguem o melhor de si no seu trabalho e na vida pessoal. Mestre e bacharel em Engenharia de Produção pelo CEFET-RJ, MBA em Gestão de Projetos pela FGV e *Business and Marketing, Exchange and research Project programs*. <https://www.linkedin.com/in/luizeduardolabriola/>

Márcia Maximiano da Silva. Mestre em Metrologia e Qualidade. MBA em Gestão de Projetos e especialista em educação a distância. Atua em projetos do PMI Rio e da Jornada Colaborativa. Professora, pesquisadora e estudiosa de metodologia ágeis e inovação. <https://linkedin.com/in/marciamaximiano/>

Márcia Rodrigues Campos. Já atuou como *Scrum Master* e desenvolvedora do Assistente Virtual PJ para o WhatsApp e para o BB Digital PJ do BB (*chatbot*). É uma apaixonada por dados e atualmente é Analista de Dados na Diretoria de Controles Internos do Banco do Brasil. <https://www.linkedin.com/in/marciarcampos/>

Marcio Luiz Reis e Pimenta. É socio-proprietário da PMQuality Gestão de Projetos, onde é responsável pela unidade de consultoria e serviços especializados e pela divisão de educação corporativa e de executivos. <https://www.linkedin.com/in/pimentamlr/>

Márcio Silva de Moura. *Agile Coach*, escritor, autor dos livros "Scrum Sem Medo" e "Empreendedor Rumo ao Topo". Trabalha com projetos de agilidade e transformação digital. <https://br.linkedin.com/in/marcio-silva-de-moura-206528/>

Michel Rosenblat. É de São Paulo, capital. Fez a transição de carreira para *Scrum Master* vindo de experiências anteriores em tecnologia da informação, inclusive em gestão de projetos, e quando fazia parte da turma dos 50+. <https://www.linkedin.com/in/michel-rosenblat/>

Mirian Leite. Profissional com experiência em projetos de implantação de software e melhoria de processos. Atualmente coordena o PMO do Grupo 3 Corações. <https://www.linkedin.com/in/mirian-leite/>

Myrian Pedroni. Com mais de 15 anos em tecnologia, 10 anos em liderança de negócios e um histórico comprovado em busca de inovação. Possui forte histórico consistente de superação, tendo sido foco em algumas iniciativas reconhecidas no mercado financeiro e de varejo do Brasil. <https://www.linkedin.com/in/myriancamilo/>

Nadia Pedrosa. Doutora em transformação ágil e mestra em gestão de projetos. Atua há mais de 20 anos com TI, tendo exercido diferentes funções desde gerente de projetos globais à gestora de TI, o que lhe confere forte experiência no setor. Estudar é uma de suas maiores paixões. Ser coautora de um livro é um sonho realizado. <https://www.linkedin.com/in/nadia-pedrosa/>

Patricia Sirvarolli. *Agile Coach* no Cesar. Possui oito anos de experiência em empresas de médio e grande porte nos segmentos de tecnologia, consultoria e educação. Formada em Gestão da Tecnologia da Informação, com especialização em Marketing Estratégico. Responsável por liderar a mudança de mentalidade ágil nas áreas de negócios através de conversas, *coaching* e *mentoring*. <https://www.linkedin.com/in/patriciasirvarolli/>

Pedro Campos. Profissional prático com fortes habilidades analíticas e de resolução de problemas e pensamento inovador que opera em todos os níveis. <https://www.linkedin.com/in/peucampos/>

Poliana Peixoto. Analista de Sistemas pós-graduada em engenharia de software e residente em engenharia de software governamental. Apaixonada por pessoas, professora e palestrante por amar e compartilhar conhecimento. Atuando como agilista/líder de projetos em uma grande instituição financeira e curadora de livros na Jornada Colaborativa. <https://www.linkedin.com/in/poliana-peixoto-88361417/>

Raiane Mello. Atuando em gerenciamento de projetos tradicionais e ágeis há quase dez anos, graduada em Gestão de TI, pós-graduada em Segurança da Informação e pós-graduanda em Gestão de Estratégica de Pessoas. Já trabalhou no mercado de programas de fidelidade, telecom e atualmente no setor financeiro, sempre buscando as melhores práticas para gerar valor. Apaixonada por inovação, *soft skills* e pessoas. <https://www.linkedin.com/in/raiane-mello/>

Raphael de Souza Godoi. *Agile Coach* com graduação em banco de dados (FATEC) e MBA em arquitetura de soluções (FIAP), com mais de dez anos de experiência na área de tecnologia. <https://www.linkedin.com/in/raphaelgodoi/>

Renato Sozzi. Profissional de uma jornada inesperada, formado em Administração de Empresas e pós-graduado em Marketing. Dos seus 31 anos de carreira, 15 foram dedicados à construção das jornadas de transformação de negócios de muitos e muitos clientes. <https://www.linkedin.com/in/renato-sozzi-2a31b011/>

Ricardo Neves. Profissional com mais de 20 anos de carreira, especialista em agilidade organizacional e em gestão e transformação ágil. Atuou e atua como *Head of Agility* em grandes organizações, sendo premiado no Agile Trends 2022 com o *case* de transformação TOP 1 em Escala. Também é colaborador do FLAPS Model Thinking e AIB Institute. Atua como consultor, facilitador, mentor, *coach*, *trainer*, OKR & *Kanban Coach*. <https://www.linkedin.com/in/rnevesbraga/>

Roberto Franair. Apaixonado por tecnologia e pessoas, atuante com times de desenvolvimento há mais de 15 anos, inquieto e pragmático, vem apoiando as organizações a atingir novos resultados através de práticas ágeis e olhar centrado no cliente. <https://www.linkedin.com/in/franair/>

Rodrigo Santos de Oliveira. Com mais de 13 anos de experiência em Suporte e Tecnologia da Informação, atuou como desenvolvedor; analista nos setores de suporte, *field services*, qualidade, projetos e regras de negócio; tradutor; facilitador; treinador; supervisor; especialista de suporte; gerente. Ministrou diversos treinamentos e palestras (técnico e comportamental), totalizando mais de 370 horas. <https://www.linkedin.com/in/rodrigo-rso/>

Sabrina Nader. *Head* de Agilidade na Advisor 10x. Professora na XP Educação. Curadora e escritora de livros na Jornada Colaborativa. Advogada. <https://www.linkedin.com/in/sabrina-nader/>

Samantha Moreira. Realizou sua transição de carreira há dois anos. É formada em Educação Física pela UFMG e hoje atua como *Scrum Master*. Faz parte da Jornada Colaborativa e LiderProExpert. Apaixonada pelo mundo ágil, por gestão de pessoas e entusiasta da gestão de processos. <https://www.linkedin.com/in/samanthahmoreira/>

Sergio Stern. Engenheiro, consultor em gestão de projetos/pessoas, entusiasta da agilidade (PSM|PSPO|CAC|TKP|LPE) <https://www.linkedin.com/in/sergio-stern/>

Simone Santana. É motivada por desafios, apaixonada por tecnologia e agilidade, e adora ajudar as pessoas. Possui 19 anos de experiência com gestão de projetos em diferentes áreas de tecnologia, além de disseminar práticas ágeis e *Lean*. Atualmente trabalhando na F1RST Santander como *Agile Master* e como *IT Senior Analyst*. <https://www.linkedin.com/in/simone-elaine-lopes-santana/>

Thalita N. Fabro. Mãe da Giovanna e do Lucas. Atualmente *Head* de Agilidade e Portfólio de uma grande instituição financeira. <https://www.linkedin.com/in/thalita-n-fabro-5b3a9953/>

Thiago Ferraz. Pai da Ágatha e companheiro da Natalia, *Head* do CoE de Agilidade, *SAFe® Scrum Master*, MBA em *data science*. Dez anos de atuação em gestão de projetos e processos nos mercados de entretenimento, utilidades, indústria automotiva, aeroespacial e renováveis. <https://www.linkedin.com/in/thiago-bnferraz/>

Vanessa Santana. Profissional com 16 anos de experiência na área de Tecnologia da Informação, exercendo atividades nas áreas de agilidade (*Agile Coach*, produtos, *Scrum Master*), análise de requisitos, testes e processos. Coautora do livro "Jornada Ágil do Produto", que dissemina agilidade para *Product Owners*, *Product Managers* ou qualquer pessoa que tenha interesse na área. <https://www.linkedin.com/in/vanessa-patricia/>

Vania Oliveira. Agilista como profissão e filosofia de vida. Formada em Sistemas de Informação e MBA em Gestão de Pessoas. É uma pessoa colaborativa, gosta de conexões e trocas reais. Apaixonada por comunidades, onde atua como participante/voluntária. <https://www.linkedin.com/in/vaniaoliveira/>

Victor Vidal. É fascinado por ajudar as pessoas a colocar teoria em prática. Atualmente é líder em gestão de portfólio e métodos ágeis no Banco Carrefour e professor de melhores práticas de governança, projetos, agilidade e portfólio, compartilhando e aprendendo o tempo todo. <https://www.linkedin.com/in/victor-vidal-agile/>

Vivian Seixas. Analista de Sistemas com pós em Gerência de Projetos. Apaixonada por tecnologia e gestão, atua há mais de 20 anos com tecnologia e pessoas. Nessa trajetória aprendeu muito sobre relações interpessoais e por isso hoje é uma entusiasta da agilidade. <https://www.linkedin.com/in/vivianseixas27/>

Wagner Peres. Graduado em Engenharia de Produção, MBA em Economia de Negócios, experiência em intercâmbio internacional, certificação *Lean Six Sigma Black Belt, Scrum Master, Product Owner, Lean Inception, Management* 3.0, *SAFe® 5 Agilist, Agile Leadership* e *Kanban* (KSD). <https://www.linkedin.com/in/wagner-oliveira-peres/>

Yngrid Vieira. Seu objetivo é transformar o mundo através de compartilhamentos de conteúdos voltados para a área de tecnologia, independentemente do ramo. E já vem conquistando isso através de eventos, *webinars*, *workshops* etc. <https://www.linkedin.com/in/yngrid-vieira/>